Planung und Gestaltung

Planung und Gestaltung

Immergrüne Gehölze und Stauden

Wenn man bedenkt, dass sommergrüne Laubbäume und Sträucher fast ein halbes Jahr lang keine Blätter haben, wird der Wert der immergrünen Pflanzen deutlich. Diese tragen das ganze Jahr zur Gartengestaltung bei. Sie müssen keine Nadelbäume pflanzen, wenn Sie auch für das Winterhalbjahr einige Farbakzente setzen wollen. Die Natur und die Züchter haben ein ganzes Sortiment an immergrünen Pflanzen hervorgebracht, die wirkungsvoll mit den sommergrünen zu kombinieren sind.

Immergrüne Gehölze: Spielereien der Natur und der Züchter

Die Flora eines bunten Gartens besteht zu etwa einem Drittel aus Gehölzen. Sommergrüne Laubbäume, Ziersträucher, Fruchtgehölze, Nadelbäume und immergrüne Laubgehölze wechseln sich dabei ab. Der Buchs ist beispielsweise ein Immergrüner. Pflanzen dieser Art behalten ihr Laub zeitlebens, zumindest sieht es so aus. Immergrüne Pflanzen wechseln ihr Laub- oder Nadelkleid im mehrjährigen Turnus. Man sagt: sie „putzen" sich. Das Blattwerk hält einige Jahre, bis das Sonnenlicht nicht mehr ins Gehölz dringen kann. Schattierte Blätter verlieren ihre Aufgabe, frische Blätter an neuen Trieben übernehmen deren Funktion, altes Laub fällt ab.

Viele Formen

Einsatzgebiete für Immergrüne Gewächse gibt es überall im Garten. Kriechmispeln (Cotoneaster dammerii) und Immergrün (Vinca minor) schmiegen sich mit kleinen Blättchen dem Boden an, der Buchs grenzt den Gemüsegarten als hellgrüne Formschnitthecke straff von den Wildstauden ab, Rhododendren stehen auch im Winter sattgrün unter lichten Bäumen, der Efeu

Rhododendron

Buchsbaumhecken

Peter Himmelhuber

MEIN GARTENPARADIES

Der immergrüne Garten

Trautwein Garten-Edition

Chefredaktion: Evelyn Boos
Redaktion: Angela Schmid
Produktion: Wolfram Friedrich
Abbildungen: Peter Himmelhuber
Titelabbildung: Melanie Acevedo/getty images
Layout, Satz und Reproduktion: Tausend Premedia GmbH, München
Layoutentwurf und Umschlaggestaltung: Axel Ganguin

ISBN 3-8174-5678-6
5156781

Mehr Infos im Internet unter www.compactverlag.de

Inhalt

Inhalt

Immergrüne Laubgehölze

Art	Höhe	Hinweis
Besenheide (Calluna vulgaris)	ca. 0,5 m	kleiner Blütenstrauch für Flächenpflanzung
Buchsbaum (Buxus sempervirens)	ca. 3 m	schnittverträglich, wild wachsender kleiner Baum
Dickmännchen (Pachysandra terminalis)	ca. 0,3 m	ausläufertreibend
Efeu (Hedera helix)	bis 0,2 m	auch als Bodendecker einsetzbar
Felsenmispel (Cotoneaster-Arten)	bis 2 m	verschiedene immergrüne aufrechte und niederliegende Arten
Feuerdorn (Pyracantha-Arten)	bis 2 m	stechender Blüten- und Fruchtstrauch, bedingt winterhart
Heckenkirsche (Lonicera japonica)	ca. 0,5 m	auch als Bodendecker
Immergrün (Vinca minor)	bis 0,2 m	schattenverträglich
Immergrüne Berberitze (Berberis buxifolia "Nana")	ca. 0,5 m	außer Berberis buxifolia noch verschiedene andere Arten
Immergrüner Liguster (Ligustrum ovalifolium)	ca. 5 m	nur in milden Wintern grün
Kalmie (Kalmia angustifolia/K. latifolia)	ca. 1 m	Blütenstrauch für humose, saure Böden
Kirschlorbeer (Prunus laurocerasus)	ca. 3 m	verschiedene Sorten, giftige Beeren!
Lavendelheide (Pieris japonica)	bis 2 m	üppige weiße Blüten im Frühjahr
Mahonie (Mahonia aquifolium)	ca. 1 m	robuster Blüten- und Fruchtstrauch
Scheinbeere (Gaultheria procumbens)	bis 0,2 m	kriechender Fruchtstrauch
Skimmie (Skimmia japonica)	ca. 1 m	auf humosen Böden
Spindelstrauch (Euonymus fortunei)	bis 0,2 m	kriechend, mit Haftwurzeln
Stechpalme (Ilex aquifolium)	ca. 5 m	straff aufrecht, stechend; Fruchtbehang
Stechpalme (Ilex crenata)	ca. 1 m	kleine Art in verschiedenen Sorten
Stranvaesie (Stranvaesia davidiana)	ca. 2 m	bedingt winterharter Blüten- und Fruchtstrauch
Traubenmyrte (Leucothoe fontanesiana)	ca. 1 m	wie Kalmia
Wintergrüne Eiche (Quercus x turneri "Pseudoturneri")	ca. 10 m	wahrscheinlich wintergrüne Kreuzung: Quercus ilex x Quercus robur
Winterheide (Erica carnea)	ca. 0,2 m	Winterblüher für Flächenpflanzung
Viburnum-Arten	bis 4 m	verschiedene immergrüne Arten

Rhododendron

Buchsbaumhecken

Efeu im Winter

deckt Mauern mit dunkelgrünem Blattwerk zu und die immergrüne Eiche breitet ihr Geäst mit dem typischen Eichenlaub über der Terrasse aus. Das Sortiment enthält Bäume, Sträucher, Kletterpflanzen, Bodendecker, Stauden und Gräser, die sowohl mit unterschiedlichen Blattformen und -größen, als auch mit verschiedenen Farben Akzente setzen. Immergrüne wirken besonders im Winter, wenn die sommergrünen Laubgehölze ohne Blätter im Garten stehen und die gewöhnlichen Stauden im Boden überdauern. Im Sommer bilden sie eine schöne, grüne Kulisse.

Buchs mit Schnee

Chamaecyparis im Kübel

Immergrüne Stauden, Gräser und Farne

Art	Höhe	Hinweis
Bergenie (Bergenia)	0,2 m	völlig frosthart, Blüte im März
Christrose (Helleborus)	0,2 m	ledriges Laub, weiße oder violette Blüten im Winter
Elfenblume (Epimedium)	0,3 m	nicht ganz winterharte Blätter, Verjüngung aus dem Wurzelwerk
Hainsimse (Luzula nivea)	0,5 m	genügsames Schattengras, dekorative Blütenstände
Hirschzungenfarn (Phyllitis scolopendrium)	0,3 m	nicht ganz winterhartes Blattwerk Verjüngung im Frühjahr aus Wurzeln
Immergrün (Vinca)	0,1 m	verholzende Triebe, blaue Blüten im Mai
Schildfarn (Polystichum)	0,5 m	verschiedene Arten, nicht völlig frosthartes Laub
Segge (Carex morrowii)	0,3 m	robustes Ziergras mit gelb-grünen Blättern

Immergrüne Kletterpflanzen

Das Sortiment an Kletterpflanzen hat für viele Einsatzbereiche etwas zu bieten. Es gibt Schlinger, die sich vorzugsweise zur Begrünung von Pergolen eignen, Selbstklimmer, die Mauern und Wände ohne Hilfe bewachsen oder Ranker, die sich an Zäunen entlang hangeln. Die meisten Kletterpflanzen sind aber nur im Sommer attraktiv. Im Winterhalbjahr hängen sie kahl an der Kletterhilfe. In dieser Zeit, die mehr als sechs Monate dauern kann, kommen immergrüne Arten zur Geltung.

Im Vergleich zum Sortiment der Sommergrünen hält sich das Angebot an Immergrünen in Grenzen. Neben dem recht weit verbreiteten wilden Efeu (Hedera helix) kommt das Immergrüne Geißblatt (Lonicera henryi) gelegentlich zum Einsatz sowie der immergrüne Spindelstrauch (Euonymus fortunei) in verschiedenen Formen und Blattfarben.

Dazu können weiterhin Brombeeren (Rubus-Arten) gehören, die ihr Blattwerk lange behalten und Kletterrosen, die eine Sonderstellung einnehmen. Bei mildem Wetter bleiben diese Sommerblüher bis in den Winter hinein grün und blühfähig. Während der Efeu als typischer Selbstklimmer keine Kletterhilfe braucht und Hauswände und Mauern das ganze Jahr hindurch dicht begrünt, gewinnt das Immergrüne Geißblatt, ebenso wie seine verwandten Arten nur mit Hilfe von Drähten, Schnüren oder Spalieren an Höhe. Dieser Schlinger kann sich nicht an Wänden festhalten. Er findet aber an anderen Kletterpflanzen Halt, die bereits fest mit der Mauer verbunden sind und als Kletterhilfe dienen. So lassen sich auch Edelrosen mit Selbstklimmern kombinieren. Diese

Immergrünes Geißblatt

Efeu am Haus

Spreizklimmer halten sich mit Hilfe ihrer bewehrten Triebe an der Kletterhilfe fest. Dazu kann statt einer Kletterpflanze auch ein Spalier zum Einspreizen dienen. An einer geschützten Südwand bleiben diese Rosenzüchtungen bis weit in den Winter hinein grün. Sie bringen noch im Dezember vereinzelte Blüten hervor, bis strenge Frostnächte das Grünen und Blühen beenden. Dem immergrünen Spindelstrauch kann der Frost kaum etwas anhaben. Die rein grünen oder gelb-grün panaschierten Kletterpflanzen aus West-China halten auch strenger Kälte stand. Es gibt etliche Züchtungen dieser kleinblättrigen Selbstklimmer, die sich alle für schattige oder halbschattige Plätze oder auch zur Begrünung von kahlen Bäumen eignen. Das gilt ebenso für den Efeu und

Art	Wuchsform	Kletterhilfe	Höhe
Efeu (Hedera helix*)	Selbstklimmer	Mauer (oder zur Baumbegrünung)	bis 20 m
Immergrüne Brombeere (Rubus henry)	Spreizklimmer	Zaun oder Spalier	3–4 m
Immergrünes Geißblatt (Lonicera henry)	Schlinger	Pergola, Spalier oder Zaun	bis 5 m
Spindelstrauch (Euonymus fortunei*)	Selbstklimmer	Mauer oder Baum	3–5 m

* vom Efeu und vom Spindelstrauch gibt es auch gelb-grüne Sorten, die allerdings schwachwüchsiger sind als die grünen.

seine vielen Sorten – obwohl die immergrünen Kletterer gleichermaßen an sonnigen Plätzen gut zurecht kommen. Die Vermehrung von immergrünen Kletterern ist das ganze Jahr hindurch mit bewurzelten Ausläufern möglich. Diese werden von der Mutterpflanze abgetrennt und in sandiges Substrat getopft. Genauso ist die Stecklingsvermehrung möglich. Allerdings dürfen keine Triebteile zur Anzucht dienen, die vom Altersstadium geschnitten wurden. Der Efeu bildet nach einigen Jahren besondere Triebe, die sich durch ungewöhnliche Blätter auszeichnen. Diese Triebe bringen zu ungewöhnlicher Zeit (und zwar im Herbst) Blüten hervor, aus denen dann im Winter Früchte reifen. Triebe der Altersform bilden keine Haftwurzeln. Wie Efeujungpflanzen lassen sich Nachkommen vom Immergrünen Geißblatt und vom Spindelstrauch durch Stecklinge oder bewurzelte Ausläufer vermehren. Brombeerpflanzen sind durch Absenker zu gewinnen. Kletterrosen sind durchweg Veredelungen, die auf wilde Rosensämlinge (Rosa canina) okuliert wurden. Pflanzzeit für alle Kletterpflanzenarten ist mittels vorkultivierter Topfpflanzen bei frostfreiem Boden das ganze Jahr.

Ausläufer eintopfen

Wert der Immergrünen

Beim Rundgang durch einen botanischen Garten entdeckt man viele unbekannte Arten. Beim Blick in eine Baumschule oder beim Blättern in einem Katalog mit Gehölzen sind viele erhaltens- und empfehlenswerte Arten und Sorten wieder zu finden. Leicht lässt sich aus dem Angebot sommergrüner und immergrüner Bäume und Sträucher ein schönes Sortiment für den eigenen Garten zusammenstellen.
Die Gehölzflora, also Heckenpflanzen, Hausbaum, Blütensträucher, Kletterpflanzen etc. sollte neben der Rasenfläche, den Staudenbeeten und weiteren Vegetationszonen etwa 1/3 der gesamten Gartenflora ausmachen. Denn Gehölze schirmen ab, setzen in den Pflanzflächen Akzente, bringen insbesondere in der Blütezeit Farbe in den Garten, beranken kahle Mauern und manche tragen im Herbst auch Früchte. Das Gehölzsortiment kann wiederum zu 1/3 aus Immergrünen bestehen. Denn sie wirken besonders im Winter. Auch im Angebot an Bäumen und Sträuchern mit winterfestem Blattwerk ist für jeden Garten das Richtige dabei. Immergrüne Laubgehölze können einen Teil der Nadelbäume ersetzen, wenn Ihnen beispielsweise Stechfichten und deren

Bewurzelter Ausläufer von Efeu

Planung und Gestaltung

Nadelgehölze in der Baumschule

Verwandte weniger gefallen. Besser ist es, beide Typen in Kombination und mit sommergrünen Gehölzen zu pflanzen. Auf diese Weise kann man Gehölzstreifen abwechslungsreich gruppieren und dichte Inseln schaffen, die während des ganzen Jahres Wind- und Sichtschutz bieten. So lassen sich beispielsweise immergrüne Eiben mit sommergrünen Blütensträuchern und immergrünen Laubgehölzen, wie Rhododendron, Buchsbaum oder Mahonie zu undurchdringlichen und dennoch schmucken Pflanzstreifen arrangieren.

Für viele immergrüne Laubgehölze spricht ihre Schattenverträglichkeit. So kann man mit immergrünen Heckenkirschen, Dickmännchen oder Efeu selbst dunkle kahle Böden unter Buchen dauerhaft begrünen. Auch die Frosthärte zeichnet viele Arten aus. Immergrüne Mahonien oder immergrüne Buchsbäume nehmen selbst bei Frost keinen Schaden. Sollte ein extremer Winter einen Teil der Substanz angreifen, dann treiben die Gehölze nach einem Rückschnitt im Frühjahr wieder kräftig aus, um schon im Sommer wieder einen dunkelgrünen Hintergrund für die Sommerblüher zu bilden. Das Sortiment umfasst auch kleine und große Pflanzen mit immergrünem Laub, die an grauen Tagen für Überraschung sorgen. So steht man etwa staunend vor der niedrigen Winterheide, wenn sie ihre zarten Blüten durch den Schnee schiebt oder verweilt beeindruckt unter der Krone der immergrünen Eiche, die noch im Winter grünes Laub trägt. Andere boden-

Immergrüne Hecke

Mahonie

deckende und hoch wachsende sowie strauchförmige und kletternde Arten haben neben dem immergrünen Laub oft zudem schöne Blüten oder essbare Früchte zu bieten.

Immergrüne Eiche

Nadelgehölze für große und kleine Gärten

Der Wert eines Baumes ist kaum messbar. Natürlich lässt sich das Stammholz in Festmetern abschätzen und berechnen. Der Nutzen, den ein alter Baum als Sauerstoffproduzent, als Luftfilter oder einfach als Gestaltungsobjekt hat, ist jedoch nicht in Zahlen zu erfassen. Das gilt sowohl für Laubbäume als auch für Nadelgehölze.

Zu den Nadelgehölzen zählen Koniferen wie Tannen, Fichten und Kiefern, die typische Zapfen entwickeln (coniferum = zapfentragend), aber auch beerentragende Arten wie Eiben und Wacholder. Es gibt immergrüne und sommergrüne Arten, die gleichermaßen wertvoll sind. Auch die immergrünen verlieren ihr Blattwerk. Das geschieht aber nicht jedes Jahr im Herbst. Sie werfen regelmäßig solche Nadeln ab, die im Kroneninneren kein Licht mehr bekommen und nicht mehr gebraucht werden.

Solange die Nadeln an den Spitzentrieben und an den jüngeren Zweigen frisch grün und gesund erscheinen, fehlt den Bäumen normalerweise nichts. Allerdings wechseln auch Nadelgehölze während des Jahres ihre Farbe. Die frischen Frühjahrstriebe wirken heller als die reifen Sommer- oder Wintertriebe. Besonders auffällig ist die Farbveränderung bei Thujen, die im Winter fast braun aussehen können.

Kiefer „putzt sich“

Planung und Gestaltung

Thujen mit Winterfärbung

Sie werden aber im Frühjahr wieder grün. Eine Sonderstellung nehmen sommergrüne Arten ein. Lärchen, Urweltbäume oder Sumpfzypressen verlieren ihre Nadeln im Herbst. Sie stehen dann den Winter über kahl in der Landschaft oder im Garten. Vorher färben sie sich aber noch einmal und sehen dann fast goldfarben aus. Im Garten sind diese Baumriesen natürlich nur dann eine Wertanlage, wenn sie ungehindert wachsen dürfen. In einem sehr begrenzten Reihenhausgarten wird ein solcher Waldbaum irgendwann zu mächtig. Bäume, die schon länger als sechs Jahre im Garten stehen, sind sozusagen „auf der sicheren Seite". In den meisten Bundesländern gibt es Gesetze, die ihren Bestand schützen. Keinesfalls darf ein Nachbar einen Zweig abschneiden. Wie immer wird eine gemeinsame Lösung nachhaltig am besten sein. So ist fast immer eine Einigung zu finden, indem beispielsweise wirklich störende Äste freiwillig entfernt werden oder ein zu dichter Gehölzbestand zugunsten einiger schöner Exemplare ausgelichtet wird. Vorbeugend ist es besser, Gehölze richtig auszuwählen und einzusetzen. Das gilt auch für Nadelbäume. Dazu ist eine gewisse Pflanzenkenntnis oder die Beratung durch Fachleute nötig. Den Jungpflanzen im Gartencenter ist ja nicht anzusehen, ob sie kleine Bäumchen bilden oder zu mächtigen Gestalten aufwachsen. Falls nötig, lassen sich störende Nadelbäume noch bis zu einer Standzeit von etwa 5–6 Jahren erfolgreich umpflanzen. Das geschieht am besten in der Saftruhe vom Spätsommer bis zum Winter. Grundsätzlich werden Nadelgehölze nicht mit losen

Schwarzkiefer pflanzen

Schwarzkiefer nach der Pflanzung

Eibe im Winter

Wurzeln verpflanzt, sondern immer mit Erdballen. Richtig platzierte Exemplare tragen das ganze Jahr zur Gartengestaltung bei. Die Immergrünen wirken aber besonders im Winter wertvoll, wenn die sommergrünen Laubgehölze wenig Farbe zeigen. Das kann – wie schon erwähnt – länger als ein halbes Jahr dauern! Natürlich sehen reine Koniferenbestände nicht sehr freundlich aus. Gemütlicher wirken Mischbestände in denen Nadelgehölze gemeinsam mit Laubgehölzen in Gruppen stehen. Eiben eignen sich in diesen Verbänden auch zur Unterpflanzung größerer Baumgruppen. Sie nehmen den Schatten ohne Schaden hin und bieten dann im Winter weiterhin Sichtschutz. Zudem sehen diese Nadelgehölze mit ihren breitbuschigen und dunkelgrünen Ästen angenehm auffällig aus. Die Früchte, die ebenfalls im Herbst und Winter reifen, dienen den Singvögeln als Winterfutter. Für den Menschen sind fast alle Pflanzenteile dieser robusten heimischen Gehölze giftig! Nur die roten Fruchtmäntel sind essbar. Wo genügend Platz ist, dürfen sich sogar Solitärs, das sind schöne Einzelexemplare, ungehindert ausbreiten. So kann beispielsweise eine Schwarzkiefer durchaus als Hausbaum dienen. Für Tiere sind Nadelgehölze rund ums Jahr nützlich. Sie bieten ihnen Unterschlupfmöglichkeiten und dienen als Nahrungsquellen, zumal sie im dichten Geäst auch im Winter Insekten finden. Die Pflanzung von Nadelgehölzen ist bei frostfreiem Wetter jederzeit möglich. Sie werden in den Baumschulen und Gartenmärkten ganzjährig als Containerpflanzen angeboten. Solche Topfbäumchen lassen sich auch als Weihnachtsbäume nutzen und dann nach dem Fest in den Garten auspflanzen.

Tipp

Viele schöne Exemplare fallen leider der Säge zum Opfer – gerade dann, wenn sie sich richtig entwickelt haben und breite Kronen bilden. Manchmal kann ihr Bestand aber durch das "Aufputzen" der bodennahen Äste (also das Freischneiden des unteren Stammes) weiterhin gewährleistet werden. Nach dem Entfernen der störenden Äste am Stamm, dürfen sich die Kronen oben ausbreiten.

Bastardzypresse als Hochstamm

Früchte der Eibe

Nadelgehölze

Art	Höhe im Alter ca.	Bemerkung
Abendländischer Lebensbaum (Thuja occidentalis)	15–20 m	säulenförmiger Baum, typische Heckenpflanze
Bergkiefer (Pinus mugo = P. montana)	3–5 hoch u. breit	breiter Busch mit auseinander fallenden Zweigen
Blaue Mädchenkiefer (Pinus parviflora "Glauca")	3–5 m	kleiner lockerer Baum mit blau-grünen Nadeln
Blaue Säulenscheinzypresse (Chamaecyparis lawsoniana, "Columnaris Glauca")	5–10 m	schlanker Baum, straff aufrechter Wuchs
Blaufichte (Picea pungens "Glauca")	20 m	veredelte, besonders blaue Form der Stechfichte
Blautanne (Abies nobilis "Glauca", = A. procera "Glauca")	15–20 m	echte, veredelte Blautanne mit weicher blau-weißer Benadelung, für freien Stand auch in kleinen Gärten
Gemeine Eibe (Taxus baccata)	10–20 m	seltener Waldbaum, der uralt werden kann, im Garten guter Schattenbaum, langsam wachsend, sehr schnittverträglich
Hängeform der Nutkascheinzypresse (Chamaecyparis nootkatensis, "Pendula")	10 m	lockerer Wuchs mit ausgebreiteten überhängenden Zweigen
Koreatanne (Abies koreana)	10–15 m	schlanke Tanne mit auffälligen Zapfen, veredelte Exemplare bleiben kleiner als Sämlinge
Riesenlebensbaum (Thuja plicata)	30 m	sehr schnell und stark wachsende breite Thuja
Säuleneibe (Taxus baccata "Fastigiata")	3 m hoch, sehr schlank	streng aufrecht wachsende Eibe auch als gelbe Sorte
Säulenlebensbaum (Thuja occidentalis "Columna")	10 m	schlanke Züchtung der Wildform, auch für pflegeleichte Hecken
Schwarzkiefer (Pinus nigra)	20 m	mächtiger Baum mit langen dunkelgrünen Nadeln, in der Jugend eiförmiger Wuchs später schirmförmige Krone
Serbische Fichte (Picea omorika)	20 m, nur 2 m breit	sehr schlanke Fichtenart mit blau-grünen Nadeln
Waldfichte, Rotfichte (Picea abies = P. excelsa)	30–50 m	mächtiger Waldbaum, nur für große Gärten oder streng geschnittene Hecken
Waldkiefer, Föhre (Pinus sylvestris)	20 m	heimischer Waldbaum mit lichter Krone
Weißtanne (Abies alba)	30–50 m	prächtiger Waldbaum, nur für große Gärten, verträgt städtisches Klima schlecht
Weymouthskiefer, Seidenkiefer (Pinus strobus)	20 m	großer Baum mit seidigen Nadeln
Zirbelkiefer, Arve (Pinus cembra)	10–20 m, je nach Standort	im Garten kleiner Baum mit schlankem Wuchs
Zuckerhutfichte (Picea glauca "Conica")	2–3 m	Zwergform der Blaufichte mit konischem Wuchs
Zwergbergkiefer (Pinus mugo var. pumilio)	1 m hoch u. breit	kompakte Form der Bergkiefer
Zwergmuschelscheinzypresse (Chamaecyparis obtusa, "Nana Gracilis")	1–2 m	kugelförmiges Bäumchen mit dunkelgrünen Nadeln
Zwergwaldkiefer (Pinus sylvestris "Watereri")	3 m	kompakte Züchtung der Waldkiefer

Nadelbäume als Hochstämme

Der enge Stand im Wald zwingt die Bäume nach oben ans Licht. Das ist durchaus erwünscht. Sie sollen gerade Stämme bilden. Im Garten ist zur Erziehung von hochstämmigen Nadelbäumen eine Nachhilfe mit der Schere nötig.

Gewöhnlich werden Fichten, Tannen, Kiefern und andere Nadelgehölze in den Baumschulen als Büsche oder Stammbüsche gezogen. Diese bis zum Boden beasteten Pflanzen eignen sich gleichermaßen für Hecken und als Solitärs für den freien Stand. Anders als bei Laubbäumen sind Hochstämme selten. Dennoch lassen sich die meisten Arten durchaus hochstämmig ziehen.

Eibe als Hochstämmchen

Dazu dienen vor allem solche Exemplare, die einen durchgehenden senkrechten Mitteltrieb haben. Das können Jungpflanzen aus der Baumschule sein oder auch vorhandene Gartenbäume. Sie werden dazu „aufgeputzt", d. h. nur ein ausgewählter Trieb bleibt stehen, alle anderen Bodentriebe und Seitenzweige werden bis in die gewünschte Kronenhöhe entfernt. Auf diese Weise lassen sich neben Fichten, Tannen, Kiefern und anderen stammbildenden Nadelgehölzen auch ungewöhnliche Arten, wie Wacholder, Scheinzypressen, Thujen oder Eiben zu Stämmchen umgestalten, die von Natur aus buschig wachsen.

Freischneiden

Das Aufputzen der Stämme kann selbst bei alten Bäumen sinnvoll sein, wenn die unteren Äste etwa am Haus oder an einer Grundstücksgrenze stören oder wenn eine Pflanzfläche für Stauden oder Sommerblumen unter der Krone gewünscht wird.

Anders als bei Laubbäumen sollten die störenden Äste bei alten Koniferen nicht direkt an der Austriebstelle abgetrennt werden. Das hätte insbesondere bei Kiefern, Fichten, Lärchen oder Tannen einen starken Harzfluss

Schwarzkiefer als Hochstamm

zur Folge. Bei diesen Arten bleiben zunächst kurze Aststummel stehen, die dann nach dem Eintrocknen erst abgetrennt werden. Bei anderen Nadelgehölzen wie Eiben, Scheinzypressen oder Thujen, die keine Koniferen sind, ist der direkte Rückschnitt jedoch möglich. Deren Wunden harzen normalerweise nicht.

Gartengestaltung mit Immergrünen

Immergrüne Laubgehölze wirken – anders als sommergrüne Bäume und Sträucher – auch im Winter dekorativ. Sie eignen sich deshalb besonders gut für die Anlage dichter Gehölzpflanzungen oder für die Gestaltung eines immergrünen Beetes.

Pflanzfläche in halbschattiger Lage

Die vielen Gartenmärkte und Versandgärtnereien bieten eine Fülle an Wildpflanzen und Züchtungen an. Es ist deshalb kein Problem, ein buntes Pflanzensortiment nach eigenen Wünschen zu bekommen. Schwierigkeiten macht allerdings die richtige Zusammenstellung der gewünschten Pflanzen, sodass sie auch nach Jahren noch harmonisch zusammenpassen. Dabei bieten sich bei der Anlage einer halbschattigen Fläche beispielsweise immergrüne Gehölze an, die mit sommergrünen Arten sowie mit Stauden, Farnen und Sommerblumen vervollständigt werden.

Rhododendron mit Immergrünen

Die meisten Immergrünen sind für schattige Plätze geschaffen, denn sie begnügen sich im Sommer mit relativ wenig Sonne und bekommen dann von September bis Mai umso mehr Licht ab, wenn die schattierenden Bäume keine Blätter haben. Was liegt also näher, als dunkle Gartenflächen, die beispielsweise von hohen Bäumen schattiert werden oder die im Schatten hoher Gebäude liegen, mit diesen Pflanzen zu begrünen. Dafür bieten sich neben Rhododendren, immergrünen Schneeball-Arten, Pachysandra und anderen Bodendeckern, sowie immergrünen Kletterpflanzen und anderen Gehölzen, auch schattenverträgliche Stauden an.

Standortbedingungen beachten

Natürlich sind nicht alle Immergrünen gleichermaßen für die Gestaltung eines schattigen Beetes geeignet, denn sie stammen aus verschiedenen Regionen der Erde und gedeihen nur bei bestimmten Standortverhältnissen. Das Pflanzensortiment für ein immergrünes Beet muss deshalb unter Beachtung der Frosthärte, der Bodenansprüche und anderer Faktoren ausgewählt und zusammengestellt werden.

Hecke aus Scheinzypressen

Nadelholzhecken – eine immergrüne Grenze

Wenn Sie eine Nadelholzhecke pflanzen wollen, aber eine Abneigung gegen Thujen haben, weil sie wegen ihrer Robustheit, ihrer Schnittverträglichkeit und des niedrigen Preises leider viel zu oft gepflanzt wurden oder weil sie vielerorts als so genannte Friedhofspflanzen bekannt sind, sollten Sie das reichhaltige Nadelgehölzsortiment studieren. Es ist erstaunlich, wie viele schöne Nadelbäume als Heckenpflanzen geeignet sind. Es sind sogar einige Arten dabei, die auch ohne Schnitt in Form bleiben.

Jede Baumschule bietet mehr als 30 Nadelgehölze, die sowohl solitär (frei stehend), als auch im Verband in der Hecke wachsen. Noch immer kommen neue Arten hinzu, denn die Züchter sind ständig dabei, ausgewählte Nadelgehölze zu kreuzen, um Sorten zu gewinnen, die sich durch besondere Eigenschaften hervorheben. Bei der Auswahl von Heckenpflanzen spielen insbesondere der schlanke Wuchs, die Frosthärte und die Schnittverträglichkeit eine Rolle.

Nadelgehölzhecke

Hohe und niedrige Nadelbäume

Je nachdem, ob Sie eine hohe, eine niedrige, eine breite oder eine schmale Hecke aufbauen wollen, sollten Sie aufrechte, kompakte, breit wachsende oder schlanke Nadelgehölze wählen. So kommen für eine Sicht- und Lärmschutzhecke ausschließlich kräftig wachsende Arten in Frage, die schon wenige Jahre nach der Pflanzung dicht zusammenwachsen. Da bieten sich heimische Fichten an, die allerdings mindestens einmal im Jahr einen Schnitt brauchen, damit sie nicht zu mächtig werden. Statt der Rotfichten können Sie auch die schlankeren Serbischen Fichten in die Reihe setzen, die ohne Schnitt nur etwa 150 cm breite Hecken entwickeln. Beide Arten erreichen eine Höhe von mehr als 20 m, wenn sie frei wachsen dürfen. Sie können diese Fichtenhecken aber durch jährliches Abstufen in etwa 2 m Höhe halten. Diese Bäume und andere hohe Nadelgehölze, wie z. B. Thujen, Scheinzypressen oder auch die sommergrünen Lärchen sind für niedrige Hecken natürlich völlig ungeeignet. Dazu bieten sich die Zwergformen der Bergkiefer, der Hemlockstanne, der Scheinzypresse und anderer Arten an, die kniehoch bleiben und nur gelegentlich durch maßvollen Schnitt korrigiert werden müssen.

Altbewährte und neue Heckenpflanzen

Das Bild der Wohnsiedlungen wird zunehmend von bunten Koniferenhecken geprägt. So schließen sich an die altbewährten Rotfichten- oder Lärchenhecken auch Goldzypressen oder Blaufichtenhecken an. Man kann geteilter Meinung sein, ob gelbe oder blaue Nadelgehölzhecken in die Landschaft passen. Mit Sicherheit ist aber jede Hecke wertvoller als ein Zaun oder eine Mauer, egal ob die Pflanzen aus Nordamerika, aus Italien oder aus dem Versuchsquartier eines Züchters stammen.

Viele Arten aus fernen Ländern haben sich mittlerweile in den Gärten etabliert. Dazu gehören beispielsweise Himalaja- oder Atlaszedern, sowie Zirbelkiefern aus den Alpen oder Scheinzypressen aus Nordamerika. Seit einiger Zeit ist sogar eine Kreuzung zwischen einer echten Zypresse (Cupressus macrocarpa) und einer Scheinzypresse (Chamaecyparis nootkatensis) auf dem Markt. Die Bastardzypresse (Cupressocyparis leylandii) entstand durch natürliche Kreuzung. Sie ist also keine „künstliche" Kulturform. Diese neue Art gewinnt zunehmend an Bedeutung, da die Schnellwüchsigkeit der Zypresse und die Robustheit der Scheinzypresse in ihr vereint sind.

Die richtigen Pflanzen wählen

Wenn Sie sich für eine Hecke zur Grundstückseinfriedung oder zur Abschirmung einer Gartenecke entschieden haben, sollten Sie die richtige Pflanzenwahl treffen, denn der Aufbau einer Hecke gehört zum „Langzeitprogramm" bei der Gartengestaltung und dabei spielen der Standort und die Pflege eine wesentliche Rolle. Sie müssen eventuell sogar langfristig eine intensive Pflege in Kauf nehmen, wenn Sie sich z. B. für eine Formschnitthecke aus starkwüchsigen Nadelhölzern entscheiden, die mindestens einmal im Jahr einen Schnitt brauchen, damit sie nicht verwildern. Andererseits können Sie sich viel Pflegearbeit sparen, wenn Sie z. B. eine Hecke mit Säulenlebensbäumen pflanzen, die auch ohne Schnitt kompakt bleibt. Auf jeden Fall soll der Standort den Pflanzen behagen, damit sie ohne Mangel an Nährstoffen, Wasser und Licht gesund aufwachsen.

Tipp

Unter hohen Laubbäumen werden Nadelbäume mit der Zeit schütter, d. h. sie verkahlen mangels Licht. Im Schatten von Bäumen bleiben nur Eibenhecken dicht. Die dunkelgrünen Eiben, die übrigens nicht zu den Koniferen gehören zumal sie keine Zapfen sondern Beeren tragen, sind allerdings giftig!

Die Hecke richtig aufbauen

Nadelgehölze werden grundsätzlich mit Erdballen gepflanzt. Manchmal gibt es Thujen auch ohne Ballen. Diese Sonderangebote sind nicht empfehlenswert, denn Immergrüne mit losen Wurzeln wachsen oft schlecht oder gar nicht an. Besonders empfehlenswert sind dagegen so genannte Containerpflanzen, die auch im Sommer gepflanzt werden können. Setzen Sie drei bis vier Ballen- oder Containerpflanzen pro Meter, dann wird die Hecke rasch dicht. Im ersten Jahr nach der Pflanzung braucht die Hecke noch keinen Rückschnitt. Die Pflanzen müssen zunächst anwachsen und kräftige Wurzeln bilden. Erst im 2. Jahr ist dann im Sommer der erste Formschnitt fällig. Dann gilt es, den Zuwachs an den Flanken zu trimmen. Dabei werden nur die jungen Jahrestriebe einge-

Eibenhecke schneiden

kürzt. Ein Rückschnitt ins Holz ist zu vermeiden. Kahlstellen bei Nadelgehölzen wachsen schlecht zu. Nach oben darf die Hecke noch ungehindert wachsen, bis sie die gewünschte Höhe erreicht hat. In den nächsten Jahren wird die Hecke infolge des jährlichen Sommerschnitts immer dichter. Dabei fördert eine maßvolle Düngung den Wuchs.

Elfenblume

Bunter Flor durch die vier Jahreszeiten – mit Stauden gestalten

Stauden sind mehrjährige krautige Pflanzen. Sie treiben in der Wachstumszeit Blätter, Blüten und – mit Ausnahme der sterilen Züchtungen – auch Samen. Im Herbst stirbt das Kraut, wenn die Pflanzensäfte schließlich in den Boden einziehen. Die Pflanzen ruhen bis zum nächsten Frühjahr in den Wurzelstöcken. Erst im Frühjahr regen die wärmenden Sonnenstrahlen wieder zum Wachsen an. Das Treiben beginnt aufs Neue. Einige Stauden überstehen diesen Rhythmus wenige Jahre (z. B. werden die kurzlebigen Gänseblümchen deshalb oft nur zweijährig kultiviert), andere halten das ständige Wachsen, Blühen und Ver-

Immergrüne Nadelgehölze für Hecken

Pflanze	Höhe geschnitten	Höhe ohne Schnitt
Bastardzypresse (Cupressocyparis x leylandii)	über 1,5 m	25 m
Bergkiefer (Pinus mugo)	unter 1,5 m	2 m
Blaue Scheinzypresse (Chamaecyparis lawsoniana "Alumii")	über 1,5 m	10 m
Blaufichte (Picea pungens "Glauca")	über 1,5 m	15 m
Eibe (Taxus baccata)	über 1,5 m	10 m
Gelber Lebensbaum (T. occidentalis 'Smaragd")	über 1,5 m	6 m
Gelbe Scheinzypresse (Ch. lawsoniana "Stewartii")	über 1,5 m	15 m
Lebensbaum (Thuja occidentalis)	über 1,5 m	10 m
Muschelzypresse (Ch. obtusa "Nana Gracilis")	unter 1 m	0,5 m
Riesenlebensbaum (T. plicata)	über 1,5 m	30 m
Rotfichte (Picea abies)	über 1,5 m	30 m
Säuleneibe (T. baccata "Fastigiata")	über 1,5 m	5 m
Säulenscheinzypresse (Ch. lawsoniana "Columnaris Glauca")	über 1,5 m	10 m
Serbische Fichte (Picea omorika)	über 1,5 m	25 m

Planung und Gestaltung

Christrose im Winter

Bambus im Winter

gehen bis zu 50 Jahre durch (Bauernpfingstrosen gehören z.B. zu den Langlebigen). Die meisten Arten und Sorten sind sommergrün. Allerdings bietet das Sortiment auch einige immergrüne Stauden, die zur Gestaltung immergrüner Gärten beitragen. Sie behalten ihr Blattwerk auch im Winter oder ziehen erst sehr spät in den Boden ein.

Blütezeitkalender für immergrüne Stauden

Art	Jan	Feb	März	Apr	Mai	Jun	Jul	Aug	Sep	Okt	Nov	Dez
Bergenie (Bergenia)				x	x	x						
Christrose (Helleborus)	x	x	x									x
Elfenblume (Epimedium)					x							
Hauswurz (Sempervivum)						x	x	x				
Leberblümchen (Hepatica)				x	x							
Mauerpfeffer (Sedum)						x	x					
Schleifenblume (Iberis)					x	x	x					
Steinbrech (Saxifraga)				x	x	x						
Steinkraut (Alyssum)					x	x	x					
Storchschnabel (Geranium)						x	x	x				

Balkon- und Terrassengestaltung mit Immergrünen

Wenn der Sommerflor verwelkt ist und die Kübelpflanzen ihren Platz im Winterquartier eingenommen haben, sieht es auf Balkons und Terrassen trist aus. Die freien Plätze lassen sich mit winterharten Pflanzen freundlicher gestalten.

Die ersten strengen Fröste haben die Blütenfülle von Petunien, Tagetes und den vielen anderen Sommerblühern beendet. Sie liegen längst auf dem Kompost. Nur die mehrjährigen Balkonpflanzen wie Pelargonien und Fuchsien, stehen die kalte Jahreszeit gemeinsam mit den Kübelpflanzen in ihren Winterquartieren durch. Die freien Balkons und Terrassen zeigen sich nach dem Abräumen kahl und wenig attraktiv. Das lässt sich aber recht einfach mit ausgewählten Pflanzen ändern, was durchaus zu empfehlen ist. Immerhin dauert die Wintersaison genauso lange wie die Sommerzeit. Und der Freisitz am Haus sollte auch dann nicht ungenutzt liegen bleiben oder zur Abstellkammer verkommen. Besonders an schönen, milden Herbst- und Wintertagen ist der Aufenthalt auf einem sonnigen Balkon angenehm. Wie im Sommer geben ausgewählte Pflanzen auch dann einen gemütlicheren Rahmen. Natürlich macht sich die grüne Balkongestaltung ebenso beim Blick aus dem Fenster freundlich bemerkbar – vor allem, wenn immergrüne Pflanzen hässliche Fassaden verdecken oder graue Baulichkeiten kaschieren.

Immergrüne Gehölze

Besonders gut sind Gehölze für die winterliche Balkongestaltung geeignet, die im Winter grünen oder sogar blühen. Das können Laubgehölze oder Nadelgehölze sein. Natürlich sind auch Kombinationen möglich. Wichtig ist, dass die gewünschten Arten langfristig in Pflanzgefäßen gedeihen. Dann lohnen sich die Anschaffungskosten, zumal solche Gehölze das ganze Jahr attraktiv sind. So bilden etwa Rhododendren durch ihr glänzend grünes Blattwerk stets einen ansehnlichen Hintergrund. Zur Blütezeit jeweils im Frühjahr können sie dann immer wieder in den Mittelpunkt gerückt werden. Diese typischen Moorbeetpflanzen brauchen saures Substrat. Am besten bekommt ihnen eine spezielle Moorbeeterde, die im Gartenhandel erhältlich ist oder aus Laubkompost, Nadelstreu,

Kiefer im Kübel

Eibe in Kübel pflanzen

Planung und Gestaltung

Torf und Blähtongranulat selbst gemischt werden kann. Die immergrünen Pflanzen kommen in großen Kübeln aus Ton, Holz oder Kunststoff gut zurecht, wenn sie stets und zwar auch im Winter genügend Wasser erhalten. Sie bilden kompakte Faserwurzelballen, die sich – falls nötig – einfach umsetzen lassen. Im Herbst ist allgemein eine günstige Pflanzzeit für Gehölze. Jetzt lassen sich neben Rhododendren viele andere Arten schon in Töpfen nach Hause holen (so genannte Containerpflanzen) oder nach dem Eintopfen in entsprechende Gefäße auf den Balkon pflanzen. Selbstverständlich kommen nur winterharte Arten in Frage. Davon gibt es aber eine reiche Auswahl. Neben Laubgehölzen wie Buchsbaum (Buxus sempervirens), Kirschlorbeer (Prunus laurocerasus) in diversen Sorten, Mahonien (Mahonia aquifolia) und immergrünen Rhododendron-Arten können auch Nadelgehölze arrangiert werden. Dazu eignen sich vorzugsweise klein bleibende Züchtungen wie Zwergkiefern (z. B. Pinus mugo "Mops"), Zwergfichten (Picea glauca "Conica"), kleine Scheinzypressen (z. B. Chamaecyparis obtusa "Nana Gracilis") oder Zwergwacholder (Juniperus chinensis "Plumosa Aurea")

Kiefer im Kübel

Ausgewählte Exemplare

Für einen gewöhnlichen Balkon mit etwa 6 bis 10 m^2 Fläche sind ohnehin nur wenige Exemplare nötig. Sie können aber auch verschiedene Wuchsformen kombinieren und beispielweise eine säulenförmige Eibe (Taxus baccata ´Fastigiata`) mit einem Bodendecker unterpflanzen. Auf dem Balkon wirken selbst „Einheitsgrünpflanzen“ wie Cotoneaster oder immergrüne Heckenkirschen (Lonicera nitida) nicht langweilig, zumal sie hier nicht flächig gepflanzt sind, sondern einzeln stehen und ihre natürliche Gestalt entwickeln können. Schnittverträgliche Gehölze lassen sich auch in besondere Formen bringen, wenn sie geschickt getrimmt und als Kugeln, Kegel oder Pyramiden erzogen werden. Dieser regelmäßige, maßvolle Schnitt muss bereits bei Jungpflanzen geschehen und gelegentlich wiederholt werden, damit sie die typische Form annehmen und beibehalten. In den engen Pflanzgefäßen bleiben aber auch gewöhnliche Gehölze kompakter als im Gartenboden. Die Wurzeln sind ja auf einen mehr oder weniger großen Raum beschränkt und können nicht aus dem Vollen schöpfen. Wie echte Bonsaibäumchen oder Gehölze im Gebirge müssen sie mit einem begrenzten Erdvolumen zurecht kommen.

Weihnachtsbaum im Kübel

Vor Weihnachten bieten die Gartencenter Nadelbäume in Kübeln an, die kurzzeitig einen Aufenthalt im Haus überstehen. Vor und nach dem Fest können diese „Topftannen" zur Balkonbegrünung dienen. Während sie die trockene warme Zimmerluft schlecht vertragen und nur kurzzeitig aushalten, schadet den Fichten, Tannen oder Kiefern Kälte kaum. Sie müssen aber stets genügend Wasser bekommen. Besonders im Regenschatten darf das Gießen nicht vergessen werden. Staunässe ist zu vermeiden. Die meisten Weihnachtsbäume in Kübeln sind Sämlinge verschiedener Wildkoniferen, die sehr stark wachsen.

Koreatanne im Kübel

Sie lassen sich – anders als kleinbleibende Züchtungen – nur einige Jahre in den Pflanzgefäßen kultivieren. Sie können aber jederzeit in den Garten oder einen anderen Ort im Freiland umgesetzt werden, wenn sie offensichtlich zu kümmern oder zu kränkeln beginnen. Stattdessen ist aber auch das Umpflanzen in einen größeren Topf möglich.

Erdmischungen

Als Substrat eignet sich für alle Immergrünen – außer für Rhododendren und andere Moorbeetpflanzen – gewöhnliche Pflanzerde, die vorwiegend aus aufbereitetem Torf oder mittlerweile auch aus Rindenprodukten besteht. Gartenerde kann nur in Mischungen mit beständig lockeren Substraten verwendet werden. Sie sackt sonst im Pflanzgefäß zusammen und wird steinhart. Ein eigenes Substrat für die Balkonbegrünung lässt sich beispielsweise aus Gartenerde, Blähton, Kompost und Sand zu gleichen Teilen mischen. Besonders bei großen Pflanzgefäßen kann der Anteil an leichten, lockeren Beistoffen wie Blähton, Styropor oder Perlite größer sein, um das Gesamtgewicht zu verringern.

Begrünung vom Boden aus

Langfristig kann eine Balkonbegrünung vom Gartenboden aus die einfachste und pflegeleichteste Methode sein. Dazu muss der Balkon für die ausgewählten Pflanzen in erreichbarer Höhe sitzen. Immergrüne Kletterpflanzen, wie Efeu, Immergrünes Geißblatt (Lonicera henryi) oder Immergrüner Spindelstrauch (Eunonymus fortunei ´Vegetus`) schaffen den Weg auf Balkons im ersten Stockwerk in wenigen Jahren. Sie müssen in tiefgründigen Boden gepflanzt und falls nötig gezielt nach oben gelenkt werden. Zu üppige Pflanzen lassen sich durch Beschneiden in Form halten. Die kletternde Balkonbegrünung kann eine gute Kulisse für andere Arrangements im Sommer wie im Winter darstellen.

Blüten in Kästen und Schalen

Besonders in der kargen Winterzeit sind blühende Pflanzen erfreulich. Schalen mit Heidekraut, Christrosen und anderen Gewächsen der Saison, die es in Gartenmärkten oder aus dem eigenen Garten zu holen gibt, lockern die immergrünen Pflanzgruppen auf. Sie können nach der Blüte wieder in den Garten umgesetzt werden. Neben wenigen staudenartigen und Zwergsträuchern blühen auch einige größere Gehölze im Winterhalbjahr auf. Ein Winterschneeball (Viburnum fragrans) im Kübel, ein Winterjasmin (Jasminum nudiflorum) oder eine Zaubernuss (Hamamelis) sind schon eine Attraktion, wenn sie bei mildem Spätwinterwetter in voller Blüte stehen.

Containerpflanzen

Immergrüne Gehölze sind ganzjährig in Gartenmärkten als so genannte Containerpflanzen zu bekommen. Sie lassen sich

Laubgehölze für Kübel

Pflanze	Größe	Besonderheit
Buchsbaum (Buxus sempervirens)	ca. 1 m	recht gute Frosthärte, schnittverträglich, unbeschnittene Pflanzen blühen im Frühjahr
Kirschlorbeer (Prunus laurocerasus)	1 bis 2 m	glänzend grünes Laub, Blüten im Frühjahr, recht gute Frosthärte, schnittverträglich
Lavendel (Lavandula angustifolia)	ca. 0,5 m	wie Salbei
Rhododendron (viele Arten und Sorten)	0,3 bis 2 m	glänzend grünes Laub, dekorative Blüten recht gute Frosthärte, braucht saures Substrat
Salbei (Salvia officinalis)	ca. 0,5 m	Heilpflanze mit silbrigem Laub, blüht im im Sommer, bei strengem Frost Schutz mit Strohmatte oder ähnlichem luftigem Material

Efeu am Haus

jederzeit auf den Balkon oder die Terrasse holen.

Kombinieren mit sommergrünen Pflanzen

Ein Garten entwickelt sich selten nur aus immergrünen Pflanzen. Neben Koniferen, immergrünen Laubgehölzen, Stauden und Gräsern, gehören auch sommergrüne Pflanzen zum Bestand.
So tragen Blütensträucher wie die Zaubernuss, die Forsythie, der Flieder oder der Hibiskus wesentlich zur farblichen Gestaltung während der Blütezeit und dann wieder im Herbst bei. Ebenso wird kaum jemand auf sommergrüne Blütenstauden, wie Primeln, Margeriten, Rittersporn oder Astern verzichten wollen, die je nach Art vom Spätwinter bis in den Spätherbst mit bunten Blüten erfreuen. Außerdem sind im Sortiment der Nutzpflanzen nur wenige immergrüne Pflanzen vertreten, sodass sich der Einsatz von sommergrünen nicht vermeiden lässt. Apfelbäume, Beerenobstbüsche oder auch Gemüse sind aber durchaus gut mit immergrünen Pflanzen kombinierbar. Sie ergänzen sich gegenseitig und bringen angenehme Abwechslung ins Gartenbild.

Standortwahl

Die begrenzte Gartenfläche macht nur eine beschränkte Auswahl an immergrünen Pflanzen möglich, zumal ein Teil des Grundstücks für Wege, Gemüsebeete, Rasen, Sitzplätze, einen Teich und weitere notwendige und nützliche Gestaltungselemente zur Verfügung stehen muss. Dennoch bietet jeder Garten noch ausreichend Raum für etliche ausgewählte Arten.

Planung und Gestaltung

Rhododendron und Gräser

So kann beispielsweise ein Vorgarten gänzlich mit solchen Pflanzen gestaltet werden, vor allem, wenn er weniger günstige Wachstumsbedingungen für sommergrüne Arten bietet. Vorgärten liegen oft an der Nord- oder Ostseite des Grundstücks. Die sonnigen Lagen werden bevorzugt für den Wohngarten, sowie für den Obst- und Gemüseanbau gebraucht. Der Raum zwischen dem Haus und der Straße dient oft auch als „Pufferzone" gegen Lärm und Staub. Mit diesen widrigen Standortverhältnissen kommen viele immergrüne Arten gut zurecht. So lassen sich Eiben in schattigen Vorgärten beispielsweise als Heckenpflanzen einsetzen. Ebenso gut vertragen Kirschlorbeerbüsche oder Buchsbäumchen die ungünstigen Lichtverhältnisse. Sie sind gleichermaßen schnittverträglich, eignen sich aber auch für gemischte Hecken aus immergrünen Gehölzen, die keinen Schnitt erhalten. Dazu passen Stechpalmen, Immergrünes Geißblatt und immergrüne Felsenmispeln. Am Boden breitet sich Efeu aus, der selbst im Schatten noch dichte Bestände bildet. Efeu lässt sich hier ebenso zur Begrünung von Mauern nutzen.

Immergrüne im Schatten

Kiefer in Kiesbeet pflanzen

Natürlich sind immergrüne Pflanzen auch für die besseren Plätze im Garten geeignet. Die Auswahl richtet sich im Wesentlichen nach der endgültigen Wuchshöhe und nach der Bodenbeschaffenheit. Starkwüchsige Koniferen lassen sich langfristig nur erfolgreich in großen Gärten einsetzen. Für gewöhnliche Hausgärten eignen sich besser die weniger stark wachsenden Züchtungen von Kiefern, Fichten oder Tannen. Das können etwa

Tipp

Außer der Wasserversorgung (besonders im Regenschatten auf dem Balkon) brauchen die Immergrünen gelegentlich neue Nährstoffe. Die beste Zeit zum Düngen ist im Frühjahr, wenn sie austreiben. Ansonsten ist keine besondere Pflege nötig. Nur die nicht ganz Frostharten, wie Lavendel oder Salbei, bekommen in strengen Frostperioden einen Schutz mit luftigem Material.

Rhododendron pflanzen

Planung und Gestaltung

Nadelgehölze für Kübel

Pflanze	Größe	Besonderheit
Blaue Mädchenkiefer (Pinus parviflora "Glauca")	3 m	kleiner, lockerer Baum mit blau-grünen Nadeln
Blaue Säulenscheinzypresse (Chamaecyparis lawsoniana, "Columnaris Glauca")	3 m	schlanker Baum, straff aufrechter Wuchs
Gemeine Eibe (Taxus baccata)	3 m	schnittverträglich, für Kugeln, Kegel und andere Formen
Hängefichte (Picea abies "Inversa")	2–3 m	Hängeform der Fichte, Höhenwachstum durch Stäben
Hängeform der Nutkascheinzypresse (Chamaecyparis nootkatensis, "Pendula")	3 m	lockerer Wuchs mit ausgebreiteten überhängenden Zweigen
Koreatanne (Abies koreana)	3 m	schlanke Tanne mit auffälligen Zapfen, veredelte Exemplare bleiben kleiner als Sämlinge
Säuleneibe (Taxus baccata "Fastigiata")	3 m	streng aufrecht wachsende Eibe, auch als gelbe Sorte
Säulenlebensbaum (Thuja occidentalis "Columna")	3 m	schlanke Züchtung der Wildform, auch für pflegeleichte Hecken
Zuckerhutfichte (Picea glauca "Conica")	2–3 m	Zwergform der Blaufichte mit konischem Wuchs
Zwergbergkiefer (Pinus mugo var. pumilio)	1 m hoch und breit	kompakte Form der Bergkiefer
Zwergmuschelscheinzypresse (Chamaecyparis obtusa, "Nana Gracilis")	1–2 m	kugelförmiges Bäumchen mit dunkelgrünen Nadeln
Zwergwaldkiefer (Pinus silvestris "Watereri")	3 m	kompakte Züchtung der Waldkiefer

Mädchenkiefern (Pinus parviflora) sein oder Zuckerhutfichten und Koreatannen, die selbst in kleinen Reihenhausgärten auf Dauer genügend Platz haben.

Immergrüne Gehölze kommen wie ihre verwandten sommergrünen Arten auf jedem guten Gartenboden zurecht. Staunässe, Bodenverdichtungen und ähnliche Unpässlichkeiten sind zu vermeiden oder durch entsprechende Bodenverbesserungen zu ändern. Nur für die Spezialisten wie Rhododendren und andere Moorbeetpflanzen sind umfassende Bodenvorbereitungen notwendig.

Anlage und Vorarbeiten

Anlage und Vorarbeiten

Pflanzen auswählen und einkaufen

Zur Pflanzzeit im Frühjahr juckt es Gartenfreunde in den Fingern, wenn sie die gut bestückten Verkaufsquartiere in den Gartenmärkten auf der Suche nach Neuheiten und altbewährten Pflanzen durchstöbern. Bevor Sie zugreifen und das auserwählte Gewächs in den Einkaufswagen stellen, sollten Sie einige Qualitätskriterien beachten. Das gilt besonders auch für immergrüne Pflanzen. Bereits die nähere Betrachtung der „Gartenware“ lässt einige Schlüsse zu. So sollten etwa immergrüne Gehölze und Stauden einen gesunden kräftigen Eindruck machen. Bei Anzeichen von Mehltau oder anderen Pilzkrankheiten auf den Blättern bleibt die Pflanze besser im Verkaufsregal stehen. Das gilt auch bei langstieligen, weichen Trieben oder wenn sich offensichtlich tierische Schädlinge tummeln. Bei Gehölzen sind gesunde, kräftige Triebe mit einer der Art entsprechenden satt grünen Farbe wünschenswert, die in gleichmäßiger Anordnung am Stamm stehen oder am Strauch verteilt sein sollten. Ausgenommen sind natürlich gelbe oder buntblättrige Sorten, die aber gleichermaßen gesund und kräftig aussehen sollten. Weiterhin weist die Beschaffenheit des Wurzelwerks auf die zu erwartenden Anwachs- und Entwicklungschancen hin. Beim Austopfen sollte ein gut durchwurzelter Ballen zum Vorschein kommen.

Selbstverständlich sind Beschädigungen der Pflanzen bei der Prüfung zu vermeiden. Hilfreich können neben typischen Erscheinungsmerkmalen an Blättern, Blütenansätzen, Trieben oder Wurzeln seriöse Gütesiegel sein. So zeichnen beispielsweise Baumschulen ihre Ware mit BdB- Gütesiegeln aus, wenn sie dieser Organisation angehören. Die Pflanzen dürfen diese Siegel nur tragen, wenn sie die hohen Qualitätsanforderungen des Bund deutscher Baumschulen erfüllen. Ähnlich verhält es sich mit Stauden, Gräsern und Farnen, die nur dann ein Gütesiegel erhalten, wenn sie aus anerkannten Anzuchtbetrieben stammen. Ebenso eine gute Gewähr für hochwertige Pflanzen ist der Einkauf bei ortsansässigen Betrieben, denen die Zufriedenheit ihrer Kunden wichtig ist.

Topfballen einer Containerpflanze

Gezielt wählen

Wer die Wahl hat, hat die Qual. Das trifft auch bei der Gartengestaltung und besonders bei der Auswahl immergrüner Gehölze zu. Die verhältnismäßig kleinen Grundstücksflächen können leider nur eine sehr begrenzte Anzahl an Bäumen und Sträuchern aufnehmen. Gemischte Hecken oder Gehölzgruppen bieten eine gute Möglichkeit, einige verschiedene immergrüne Arten zu arrangieren. Immergrüne werden je nach Art als Ballenpflanzen oder als Topfpflanzen im Container angeboten. Die besten Anwachschancen haben natürlich die Containerpflanzen.

Diese Gehölze in den schwarzen Kunststofftöpfen wachsen nach dem Austopfen und Einpflanzen rasch an, zumal die Wurzelballen unbeschädigt sind. Sie brauchen auch keinen Pflanzschnitt und stellen sofort nach dem Verteilen im Garten schon schöne Exemplare dar. Containerpflanzen haben allerdings ihren Preis. So muss für einen großen Buchs mit etwa 100–125 cm Höhe von etwa 50 Euro gerechnet werden – je nach Zustand der Pflanze. Etwas billiger sind Gehölze mit Juteballen, die ebenfalls recht gute Anwachschancen haben.

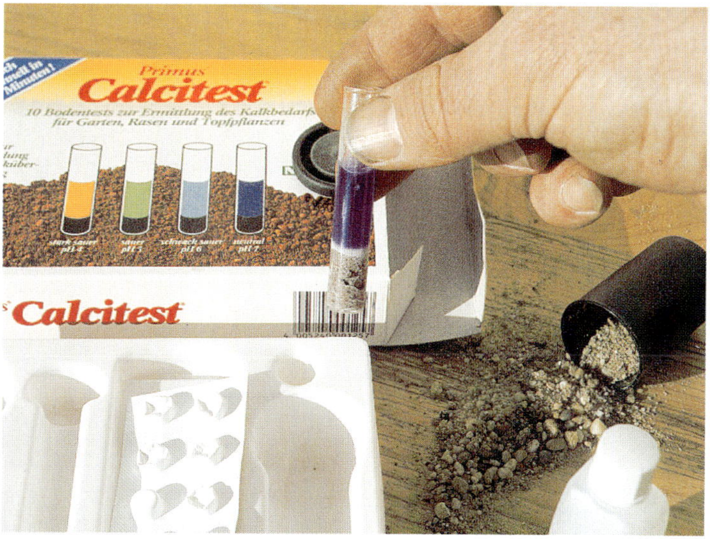

Bodentests gibt es auch zum Selbermachen

Containerpflanzen

Boden vorbereiten und verbessern

Eine günstige Grundlage für gutes Wachstum schaffen

Das Wachstum der Pflanzen richtet sich nach dem Nährstoff, der im geringsten Maß im Boden vorhanden ist. Dieser Lehrsatz der Gärtner hat natürlich auch im Hausgarten Gültigkeit. Dabei wirkt sich die Bodenart ganz wesentlich auf die Nährstoffspeicherung und Abgabe aus.
Es hilft wenig oder schadet sogar, den Pflanzen reichlich Volldünger zu geben, wenn diese keinen Bedarf haben. Die meisten Gartenböden sind ohnehin überdüngt. Es lohnt sich deshalb, regelmäßig Proben zu nehmen und untersuchen zu lassen. Vor der Saison ist eine gute Gelegenheit dazu. Eine gründliche Analyse in einem Labor (z.B. LUFA = Landes-Untersuchungs- und Forschungs-Anstalt) zeigt genau, ob der Boden ausgewogen mit Nährstoffen versorgt ist. Die recht günstige Dienstleistung erspart unnötigen Dünger. Zudem gibt ein gutes Untersuchungsergebnis auch eine ge-

Anlage und Vorarbeiten

Tipp

Kataloge besorgen
Vor der Pflanzung von Immergrünen lohnt es sich, Kataloge von verschiedenen Versendern und Baumschulen zu besorgen.
Hier sind die wichtigsten Arten abgebildet und beschrieben. Die Preisangaben machen Vergleiche möglich.

wisse Sicherheit und bestätigt eine richtige Anbauweise im Garten. Dazu werden etwa 500 g Erde zusammen mit den entsprechenden Angaben an das zuständige Labor gesandt. Danach kommt ein schriftliches Untersuchungsergebnis vom Labor. Adressen erhalten Sie beim Gartenamt. Dort sind meistens auch die nötigen Utensilien (z.B. Verpackungsmaterial) und die Anleitungen zur Entnahme zu bekommen. Falls ein Nährstoff zu reichlich im Boden vorhanden ist, kann auch dagegen etwas unternommen werden. Insbesondere ist ein Verzicht auf entsprechende Düngemittel nötig.

Der Boden macht's

Die Wirkung der Nährstoffe ist stets vom Zustand des Bodens abhängig. Ein „garer" Boden mit hoher Speicherfähigkeit (z.B. Humus) kann natürlich mehr Nährstoffe aufnehmen als beispielweise ein durchlässiger Sandboden. Deshalb ist es immer nützlich, einen möglichst guten Bodenzustand zu erreichen und diesen auf Dauer zu erhalten. Dazu dienen bewährte Bodenhilfsstoffe und schonende Bearbeitungsmethoden. Zudem wirken sich günstige Mischpflanzungen förderlich auf die Gesunderhaltung aus. So lässt sich durch die Unterpflanzung hochstämmiger Koniferen mit gemischten immergrünen Gehölzen, Stauden und Gräsern der Boden vor Austrocknung im Sommer und Frost im Winter bewahren. Die Bodenvorbereitung und Verbesserung richtet sich natürlich immer nach der gewünschten Nutzung und Pflanzenart, die kultiviert werden soll. So brauchen etwa große immergrüne Bäume tiefgründigen Boden mit guter Wasserführung. Immergrünen Stauden und Gräsern genügt dagegen eine etwa spatentiefe Humusschicht. Eine gründliche Lockerung ist in jedem Fall vor der Pflanzung nötig.

Schwere Böden lockern, leichte Böden bindiger machen

Vor der Bepflanzung und der erforderlichen Bearbeitung und Verbesserung ist die Bodenart zu beachten. Leichter Sandboden lässt sich einfacher bearbeiten als schwerer Lehm oder Ton. Sandbo-

Bodenarten und Wirkung

Sand	leichter mineralischer Boden, durchlässig, geringes Speichervermögen für Wasser und Dünger, geringer Nährstoffgehalt, gute Erwärmung, leicht zu bearbeiten
Lehm	schwerer mineralischer Boden, undurchlässig, hoher Nährstoffgehalt, gutes Speichervermögen, jedoch geringe Abgabe, schwer zu bearbeiten
Ton	schwerer mineralischer Boden, stark verdichtet, klumpig, undurchlässig, kalt, hoher Nährstoffgehalt, jedoch geringe Abgabe, schwer zu bearbeiten
Humus	vorwiegend organischer Boden aus verrotteten Pflanzenteilen, locker, gutes Wasser- und Nährstoffspeichervermögen, leicht zu bearbeiten
Am besten sind Mischböden, insbesondere sandiger Lehm mit Humusgehalt	

Rhododendron pflanzen

den hat jedoch eine geringere Speicherfähigkeit und er trocknet leichter aus als Lehm. Lehm wiederum vernässt bei Dauerregen und wird schmierig. Das verhindert die Durchlüftung. Grundsätzlich ist es deshalb empfehlenswert, einen guten Mischboden zu erzielen.

Der ideale Boden ist sandiger Lehm oder lehmiger Sand mit hohem Humusgehalt. Der Lehm enthält viele Nährstoffe, der Sand fördert die Durchlüftung und die Wasserführung und der Humus verbessert das Speichervermögen. Sandige Böden lassen sich im Frühjahr durch das Einarbeiten von Lehmerde bindiger machen. Lehmböden bekommen durch Sandgaben eine bessere Krümelstruktur. Humus, der in Form von Kompost verteilt und eingebracht wird, trägt sowohl bei Lehm- als auch bei Sandböden zur Verbesserung der Krümelstruktur bei. Zudem führt Kompost Nährstoffe in ausgewogener und langsam wirkender Form zu.

Pflanzen verteilen und einsetzen

Grundsätzlich brauchen alle immergrünen Gehölze einen tiefgründigen Boden. Insbesondere ist für Hecken eine gründliche Bodenvorbereitung nötig. In diesen Pflanzstreifen stehen Thujen, Scheinzypressen oder Kirschlorbeerbüsche unnatürlich dicht in der Reihe mit drei bis vier Exemplaren pro Meter zusammen und behindern sich gegenseitig. Falls nötig, muss der Boden gelockert und mit guter Gartenerde oder Kompost verbessert werden. Das fördert das Anwachsen und kommt der weiteren Entwicklung zugute. Ballenpflanzen oder Gehölze mit Topfballen wachsen auch ohne Rückschnitt zügig an. Alle Typen müssen

Pflanzen einer Kirschlorbeerhecke

Anlage und Vorarbeiten

nach der Pflanzung tüchtig mit Wasser eingeschlämmt werden. Bei Trockenheit ist die Bewässerung während der Anwachsphase auch weiterhin nötig.

Pflanzung Schritt für Schritt

Die beste Pflanzzeit für Ballenpflanzen, die keinen Topfballen haben, sondern einen in Jute gepackten Erdballen, ist nach wie vor im Frühjahr oder im Herbst.

Bei diesen Gehölzen werden die Wurzeln beim Ausgraben durchtrennt und die wichtige Wurzelsubstanz vermindert. Dadurch ist die Wasserversorgung der Pflanzen beeinträchtigt. In der Wachstumszeit im Sommer würden sie welken oder müssten Trockenschäden hinnehmen. Im zeitigen Frühjahr (etwa im März/April) vor dem Austrieb oder im Herbst nach dem Triebabschluss (etwa von September–November) vertragen sie das Umpflanzen besser. Alle Gehölze, also sowohl Containerpflanzen (nach dem Austopfen) als auch Ballenpflanzen, kommen ebenso tief in die Erde wie vorher. Maßgeblich ist der Wurzelhals. Das ist die Übergangsstelle von den Wurzeln zum Stamm oder zum Strauchwerk. Nach dem Einfüllen der eventuell verbesserten Aushuberde muss gut festgetreten werden, damit die Wurzeln einen „Bodenschluss“ (Bodenkontakt) bekommen. Dabei darf natürlich nicht auf den Wurzelballen getreten werden, sondern nur rund herum auf die eingefüllte Erde.

Nach dem Pflanzen ist gut anzugießen. Dabei werden die Faserwurzeln eingeschlämmt, sodass sie Bodenkontakt bekommen und anwachsen können.

Pfählen und binden

Sobald ein Baum oder Strauch gepflanzt und die Erde festgetreten und angegossen ist, setzt langsam die Wurzelbildung ein. In dieser Zeit braucht das Gehölz eine Stütze.

Zunächst treiben zarte Faserwurzeln, um die Wasserversorgung zu sichern. Diese Würzelchen vermögen nicht, das Gehölz festzuhalten. Im Gegenteil, sie reißen sofort ab, wenn eine Windböe auf die junge Krone und damit auch auf den Wurzelballen drückt. Dadurch verzögert sich die Anwachsphase, zumal die Pflanze ständig damit beschäftigt ist, die Wurzelschäden zu heilen und kaum dazu kommt, sich selbst im Boden zu verankern.

Natürlich sind Bäume und Sträucher in windigen Lagen stärker bedroht, als Gehölze in einer geschützten Gartenecke, die eventuell auch ohne Stütze rasch festwurzeln. Dabei spielen sowohl die Kronengröße und die Größe des Wurzelballens als auch die Pflanzzeit eine wesentliche Rolle. Beispielsweise sind junge Bäume mit breiten Kronen und kleinen Wurzelballen stärker durch Windwurf gefährdet als kleinkronige Exemplare mit großen Ballen, da die Angriffsfläche kleiner ist.

Sie sollten also immer einen Pfahl mitnehmen, wenn Sie einen Baum oder einen Großstrauch pflanzen. Manchmal müssen es auch zwei oder drei Pfähle sein, je nachdem, wie groß das Gehölz ist. Manchmal wird empfohlen, den Pfahl schon beim Pflanzen in die Grube zu stecken.

Das ist aber nicht nötig, denn die lockere Erde gibt sowieso keinen Halt. Vielmehr ist es wichtig, den Pfahl in den festen gewachsenen Boden zu treiben und das ist auch nach dem Pflanzen noch möglich.

Verwenden Sie ausschließlich gefaste Pfähle, die oben rundherum angeschrägt sind. Diese Pfähle splittern nämlich beim Schlagen nicht so schnell.

Gehölze mit Ballen schräg pfählen

Immergrüne haben anders als viele Laubgehölze, die mit losen Wurzeln verkauft werden, einen festen Wurzelballen. Ballenpflanzen dürfen nicht senkrecht am Stamm vorbei gepfählt werden, um den Wurzelballen nicht zu beschädigen. Achten Sie darauf, dass der Pfahl nicht am Stamm scheuert. Am besten treiben Sie den Pfahl knapp am Stamm vorbei schräg in die Erde. Beim Schlagen des Pfahls ist der richtige Winkel wichtig. Der Pfahl darf weder zu steil noch zu flach stehen, denn dadurch würde die Stützfähigkeit beeinträchtigt. Am besten treibt man ihn bei einem Kronenbäumchen knapp unter der Krone in einem Winkel von 45° in die Erde. Bei Gehölzen, die bis in Bodennähe beastet sind, sollten Sie in angemessener Höhe eine Astachsel suchen und den Pfahl an dieser Stelle schräg durch das Geäst schieben und in den Boden schlagen. Auch dabei darf die Rinde nicht beschädigt werden. Großgehölzen sollten Sie sicherheitshalber zwei schräge Pfähle geben. Die Pfähle werden dazu überkreuzt geschlagen, sodass der Stamm in einer Gabel sitzt.

Gegen den Wind stemmen

Achten Sie beim schrägen Pfählen auf die vorherrschende Windrichtung! Die Pfähle müssen sich gegen den Wind stemmen, d. h., man schlägt sie am besten „mit dem Wind“ (in der Regel von Westen in Richtung Osten). Das gilt nicht bei Pflanzungen am Hang. Hier werden die Pfähle am besten in den Hang getrieben, auch wenn der Wind meist von dieser Seite weht.

Starke Stützen für große Bäume

Wenn Sie hochstämmige Solitärs gepflanzt haben, sollten Sie stabile Stützgerüste konstruieren. Dazu werden pro Baum drei Pfähle im Abstand von 30–50 cm rund um den Stamm senkrecht in den Boden geschlagen. Der Abstand ist wichtig, damit der Wurzelballen nicht beschädigt wird. Die Pfähle erhalten dann oben Querstreben aus Holzlatten, die festgenagelt werden. Sie tragen zur Stabilisierung dieses Dreibeins bei. Jetzt braucht der Stamm nur noch an die Pfähle gebunden werden, damit er sicher steht.

Die Verbindung ist entscheidend: Binden Sie alle Gehölze ausschließlich mit Naturfaserschnur, denn die glatten synthetischen Kordeln dehnen sich nicht und schneiden in die Rinde ein. Legen Sie die Schnur am besten achterförmig um den Stamm und um den Pfahl, damit sich dazwischen ein puffernder Knoten bildet. Beim „doppelten Achterschlag“ wird die Schnur zweifach umschlungen. Zwischen Stamm und Pfahl entsteht so ein dickes Knäuel, das Scheuerwun-

Tipp

Lösen Sie die Schnüre wieder rechtzeitig von den Stämmen, sobald die Gehölze angewachsen sind, damit sie nicht in die Rinde einwachsen! Das kann etwa 2 bis 3 Jahre dauern. In dieser Zeit sind Kontrollen nötig.

Pfählen einer Kiefer

den verhindert. Zu beachten ist, dass die Schnur straff sitzt, damit sich der Stamm nicht bewegen kann. Lose Bindungen geben keinen Halt und schaden mehr als sie nützen.

Mulchen und Beeteinfassung

Das Mulchen ist das Abdecken des Bodens mit organischem Material (z.B. Rindenmulch). Diese Art der Bodenpflege macht vergleichsweise wenig Arbeit. Das Mulchmaterial ist kostenlos oder preisgünstig zu bekommen. Es verrottet mit der Zeit und liefert wertvolle Humusstoffe als Futter für die Bodenlebewesen.
Unter Neuanpflanzungen (z. B. immergrünen Staudenbeeten oder Nadelholzhecken) erleichtert eine dicke Mulchschicht auch die Pflege, zumal sie Unkräuter unterdrückt und die Feuchtigkeit erhält. Das Material verrottet langsam und wird von Bodenlebewesen zu Humus umgewandelt, der wiederum dem Boden zugute kommt. Währenddessen schützt die Mulchdecke im Sommer vor Hitze und Austrocknung und im Winter vor Kahlfrost. Das regelmäßige Mulchen macht besonders sandige Böden humoser und bindiger und lockert schwere Böden.

Rindenmulch

Dieses holzige Mulchmaterial, das aus der Rinde von geschälten Bäumen gewonnen wird, dient vor allem zur Abdeckung neuer Pflanzflächen. Eine dicke Schicht hält Unkräuter zurück, solange die Sträucher noch klein sind. Das holzige Material bleibt einige Jahre erhalten. Bis dahin können die Sträucher in Ruhe aufwachsen. Rindenmulch ist ein spezielles Rindenprodukt. Während der Fermentation in großen Haufen werden Harze und harte Holzstoffe aufgeweicht und in verrottungsfähige Stoffe umgewandelt. Frische Rinde aus dem Wald eignet sich nicht so gut zum Mulchen, zumal viele Pflanzen die Inhaltsstoffe schlecht vertragen.

Boden mit Rindenmulch abdecken

Holzhäcksel

Mit Hilfe eines Motorhäckslers können Sie Ihr eigenes Mulchmaterial produzieren. Als Rohstoff dienen Zweige vom winterlichen Gehölzschnitt. Die Hackschnitzel haben dieselbe Wirkung wie Rindenmulch. Allerdings vertragen nicht alle Gewächse dieses unbehandelte holzige Material. Flächen mit krautigen Pflanzen, wie etwa immergrüne Staudenbeete oder auch weniger robuste Gehölze, wie immergrüne Kräuterbüsche (z.B. Salbei, Lavendel etc.), werden besser mit Rindenmulch, Rasenschnittgut oder Kompost gemulcht. Gehäckseltes Holz eignet sich aber sehr gut zum Abdecken der Pflanzflächen unter Hecken oder zum Mulchen von

Baumscheiben (so nennt man die Gießmulden frisch gepflanzter Bäume). Die kleinen Hölzchen bleiben viele Jahre erhalten, zumal die Bodenlebewesen „hart daran zu beißen haben“. Zum Abbau tragen – wie im Wald auch – viele Holzpilze bei. Sie sind für die Gehölze in den Beeten normalerweise nicht schädlich.
Allerdings darf kein krankes Holz verwertet und mit gehäckselt werden.

Grasschnitt

Eine Menge Material fällt den Sommer hindurch beim Rasenmähen an. Dieser wertvolle Rohstoff ist selbstverständlich zum Wegwerfen zu schade. Das Grasschnittgut landet entweder auf dem Komposthaufen (aber nur in dünnen Schichten, gut vermischt mit anderen Abfällen, sonst gibt es üble Gerüche) oder es wird zum Mulchen genommen. Das weiche Material verrottet recht schnell, zumal die Regenwürmer, Asseln und dergleichen direkt davon zehren können. Es lässt sich den Sommer hindurch immer wieder auffrischen. Verwenden Sie aber keine Gräser, die bereits Samen gebildet haben, sonst siedeln sich unter Umständen Gräser in den Pflanzflächen an.

Laub

Im Herbst kommt eine Menge natürliches Mulchmaterial zusammen, wenn die Blätter von den Bäumen und Büschen fallen. Wie im Wald sollte das Laub auch im Garten den Pflanzen zugute kommen. Immerhin führt es dem Boden wieder eine Menge Nährstoffe zu. Am besten bleibt es direkt unter den Gehölzgruppen und Heckenpflanzen liegen. Dazu kommen die Blätter, die vom Wind in den Rasen verweht wurden. Die Laubschicht, die so entsteht, bildet eine dicke schützende Decke. Sie sackt unter der Last von Schnee und Regenwasser und durch den Abbau von Würmern, Asseln und Bodenpilzen langsam zusammen. Bis zum Frühjahr ist dann nur noch eine dünne Humusschicht davon übrig.

Viel hilft viel

Anders als etwa bei der Düngung, wo nur eine maßvolle Dosierung die erwünschte Wirkung erzielt, darf und soll das Mulchmaterial dick aufgetragen werden. Besonders beim flächigen Mulchen, etwa unter frischen Heckenpflanzungen, sollte der Boden mindestens 10 cm dick mit der Rindenmulchschicht bedeckt werden. Nur

Mulchen nach dem Pflanzen

dann hält sie die keimenden Unkräuter zurück. Für solche Flächen lohnt sich die Lieferung loser Ware, die wesentlich billiger zu bekommen ist als Rindenmulch in Foliensäcken. Adressen dazu finden Sie im Telefonbranchenbuch. Meistens ist der lose Rindenmulch auch von Gartenbaubetrieben zu bekommen.

Gestaltungsbeispiele

Immergrünes Moorbeet

Wenn Sie lange Zeit Freude an einem "immergrünen Beet" haben wollen, sollten Sie zunächst

den Standort für die gewünschten Pflanzen vorbereiten. Umgekehrt ist es natürlich auch möglich, solche Pflanzen auszuwählen, die mit den Gegebenheiten zurecht kommen.
Viele immergrüne Gehölze gedeihen am besten auf saurem Boden. Das kommt davon, dass sie oft im Unterholz der Wälder wachsen, wo sie den Laubhumus und die Nadelstreu der großen Bäume gewöhnt sind (z.B. Erika, Moosbeere, Rhododendron etc.). Ausnahmen bestätigen die Regel; so bevorzugt der Buchsbaum kalkhaltige Böden. Ebenso sind immergrüne Nadelgehölze, wie Eiben oder Kiefern nicht auf saures Substrat angewiesen. Sie kommen auch in der Natur auf verschiedenen Böden vor und treiben ihre Wurzeln tief in Kalkgestein, Granit oder andere vorhandene Untergründe. Bei der Anlage eines "immergrünen Moorbeetes" mit vielen Rhododendren und weiteren typischen Moorbeetpflanzen, wie Erika, Skimmie oder Lavendelheide, kommt man deshalb kaum ohne Bodenverbesserung aus.
Auf alle Fälle sollten Sie zunächst eine Bodenprobe durchführen. Falls der pH-Wert neutral ist, genügt es eventuell, geringe Mengen an Rhododendronerde oder einem ähnlichen sauren Substrat einzuarbeiten. Falls das Ergebnis einen hohen Kalkgehalt erkennen lässt (pH-Wert über 7) muss der Boden eventuell ausgetauscht werden. Stattdessen können Sie dann natürlich auch auf die Anlage eines großflächigen Moorbeets verzichten und verhältnismäßig genügsame Immergrüne pflanzen, die keine besonderen Erdarbeiten erfordern. Dazu zählen neben Nadelgehölzen viele immergrüne Laubgehölze, wie Kirschlorbeer, Felsenmispel (Cotoneaster), immergrüne Berberitze, Buchs und Efeu. Die ausgewählten Rhododendren erhalten dann jeweils nur an den Pflanzstellen ein Moorbeetsubstrat. Dazu genügt es die Pflanzgruben im doppelten Durchmesser des Wurzelballens auszuheben und die Gartenerde durch das Rhododendronsubstrat zu ersetzen

Pflanzbeispiel mit vielen Moorbeetpflanzen

Bei der Gestaltung sind die Lichtverhältnisse zu beachten. So kann etwa eine hohe Mauer an der Südseite ein Beet fast den ganzen Tag schattieren. Zur Begrünung der Mauer bieten sich Efeupflanzen an, die mit ihrem immergrünen Laub auch an schattigen Plätzen gut zurecht kommen. In die Pflanzfläche lassen sich Rhododendren aufnehmen, die gleichermaßen schattenverträglich sind. Sie brauchen humose saure Erde. Allerdings sind Rhododendren Flachwurzler, so dass nur eine relativ dünne Schicht (etwa 30 cm) mit saurem Humus nötig ist. Dazu dient vorzugsweise spezielles Moorbeetsubstrat oder eine selbst gemischte Erde aus Rindenhumus, Nadelstreu und gehäckseltem Holz. In diesem Substrat gedeihen auch Sorten der Winterheide (Erica carnea), der Sommerheide (Calluna vulgaris) und Gaultherien sowie Farne, immergrüne Gräser (z.B. Carex morrowii und Luzula sylva-

Tipp

Im Schutz von immergrünen Pflanzen gedeihen empfindliche Raritäten wie z. B. Orchideen oder Lilien besonders gut, da sie das ganze Jahr vor extremen Wetterschwankungen – etwa durch direkte Sonneneinstrahlung an heißen Sommertagen oder kalten Wind im Winter – bewahrt werden. Allerdings hält das schützende Laub auch die natürlichen Niederschläge ab. Die Unterpflanzung muss deshalb bei Trockenheit bewässert werden.

tica) und Stauden wie Bergenien, Christrosen, Leberblümchen und Krötenlilien (Tricyrtis), die bis in den Winter hinein grünen und blühen.
Ebenso lassen sich sommergrüne Arten aufnehmen, die im Frühjahr vor dem Blattaustrieb der Gehölze blühen und dann wieder in den Boden einziehen. Dazu gehören Primeln, Bärlauch und Buschwindröschen, die als Begleitstauden gepflanzt werden. Mit ins Beet passen früh blühende Zwiebelblumen wie Schneeglöckchen, Winterlinge und Märzenbecher, die mit der Zeit verwildern, wenn sie ungestört wachsen dürfen.
Ebenso vertragen immergrüne Bodendecker wie Efeu, Spindelstrauch und Pachysandra den sauren Boden. Sie dienen als Beeteinfassung und stufen die hohe Gehölzflora nach vorne ab. Eiben, die im Hintergrund platziert werden, verstärken die Wirkung der immergrünen Rhododendren vor allem im Winter mit ihren dunkelgrünen Nadeln. Diese Nadelgehölze brauchen kein saures Substrat. Sie lassen sich ohne Erdaustausch in den vorhandenen Boden einsetzen. Im Sommer halten sich die dunkelgrünen Eiben dezent zurück und bilden eine ruhige Kulisse für leuchtend blühende sommergrüne Azaleen, die den immergrünen Rhododendren zur Seite stehen. Nach dem Flor, der durch die Pflanzung ausgewählter Sorten von April bis Juni dauert, bilden die zartgrünen Azaleen zusammen mit den dunkelgrünen Rhododendren ihrerseits einen ruhigen Hintergrund für Sommerblumen, die dann den „Ton angeben“. Fuchsie, Fleißiges Lieschen und andere Arten müssen jedes Jahr im Mai frisch gepflanzt werden.

Buchs als Beeteinfassung

Sehr beliebt sind kleine Buchshecken etwa im Bauerngarten. Sie rahmen die Beete grün ein und halten Phlox, Pfingstrosen und andere üppige Stauden im Rahmen. Für solche Hecken sind natürlich eine Menge Pflanzen nötig. Vorzugsweise nimmt man schwach wachsende Sorten. Besonders eignet sich Buxus sempervirens "Suffruticosus". Die Wildform, also Buxus sempervirens, ist für solche Hecken weni-

Rhododendronbeet

ger geeignet, es sei denn, man nimmt den stärkeren Wuchs und damit auch einen häufigeren Schnitt in Kauf. Keinesfalls dürfen aber Jungpflanzen in freier Natur ausgegraben werden. Der Buchsbaum ist eine nach der Bundesartenschutzverordnung geschützte heimische, europäische und außereuropäische Art. Sämlinge sind ohnehin sehr selten und nur in wenigen Regionen zu finden. Jungpflanzen für den Garten bekommt man aus eigener Vermehrung durch Stecklinge oder manchmal auch günstig in Gartenmärkten als schon kräftige Topfpflanzen. Für einen Meter Hecke sind etwa zehn Exemplare nötig, damit sie bald dicht zusammenwächst. Dazu ist es auch nötig, den Pflanzstreifen nach dem Anwachsen der Jungpflanzen regelmäßig streng zu schneiden. In solch engem Stand brauchen die Buchsbäumchen eine gelegentliche Düngung – vorzugsweise jeweils im Frühjahr nach dem Austrieb. Ein wenig Kompost oder ein anderer organischer Langzeitdünger, der in die Hecke gestreut wird, hält die Pflanzen vital und grün.

Immergrüne Pflanzgruppen

An schattigen Nordseiten oder unter hohen Bäumen ist der Buchs zusammen mit anderen Immergrünen ein wertvolles Gehölz. Solche immergrünen Pflanzgruppen können – neben dem Buchs – aus Stechpalme (Ilex aquifolium), Mahonie (Mahonia aquifolium), Feuerdorn (Pyracantha), Kirschlorbeer (Prunus laurocerasus), Immergrünem Liguster (L. sempervirens), Immergrünem Geißblatt (Lonicera nitida) und anderen immergrünen Laubgehölzen arrangiert werden. Dazu passen auch Rhododendren, wenn diese an den Pflanzstellen sauren Boden bekommen. Ebenso lassen sich Eiben und andere schattenverträgliche Nadelgehölze dazu gesellen. Solche Pflanzgruppen eignen sich beispielsweise zur Begrünung freier Flächen unter hohen Bäumen oder als dichte immergrüne Hecken.

Beet mit Immergrünen

Buchseinfasssung

Pflegearbeiten

Pflegearbeiten

Pflege rund ums Jahr

Nadelbäume formieren und pflegen

Fichten, Tannen, Kiefern und andere immergrüne Nadelgehölze brauchen nur wenig Pflege. Es ist aber empfehlenswert, dürre Triebe auszuputzen, doppelte Gipfel auszuschneiden und andere kleine Eingriffe rechtzeitig zu erledigen, damit die Pflanzen gesund bleiben und ihre natürliche Form behalten.

Dürren Aststummel entfernen

Nadelgehölze „putzen sich selbst“

Greifen Sie nicht gleich zur Giftspritze, wenn Ihre Koniferen nadeln. Fichten, Tannen, Kiefern und die anderen Nadelbäume werfen wie die Laubbäume ihre Blätter ganz natürlich ab. Man sagt: "sie putzen sich selbst". Lärchen und einige andere sommergrüne Arten verlieren ihre Blätter sogar jedes Jahr im Herbst. Bei den immergrünen Nadelgehölzen geschieht das nicht regelmäßig jedes Jahr, sondern im Abstand von drei und mehr Jahren. "Sie putzen sich" auch unauffälliger, sozusagen im Verborgenen.

Der Grund für das Nadeln ist meistens Lichtmangel. Denn während neue Triebe wachsen, wird es in der Krone dunkler, sodass die Nadeln an den alten Zweigen nicht mehr assimilieren können und schließlich braun werden und abfallen. Besonders deutlich ist das beispielsweise bei Kiefern zu sehen. Hier bleiben die alten braunen Nadeln oft noch Jahre an den Zweigen im Inneren der Krone haften. Erst wenn man darüber streift oder wenn der Wind durch die Krone fegt, rieseln sie zu Boden. Meistens ist dann der Boden unter den Bäumen dick mit der Nadelstreu bedeckt. Das schadet nicht, denn sie verrottet mit der Zeit und wird zu Humus. Sie brauchen die braunen Nadeln übrigens auch nicht aus der Krone zu putzen, denn mit der Zeit fallen sie von selbst zu Boden. Sie können aber beispielsweise mit einem Besen eingreifen, wenn Sie die Nadeln stören.

Dürre Spitzen sind krank

Im Gegensatz zur natürlichen Verfärbung der Nadeln im Inneren der Krone weisen braune Nadeln an den Triebspitzen auf eine Krankheit hin. In diesem Fall muss rasch die Ursache ergründet werden. Wenn keine Schädlinge oder Krankheiten zu erkennen sind sondern etwa strenger Frost den Trieben geschadet hat genügt es, die dürren Triebe wegzuschneiden. Warten Sie aber damit bis zum Frühjahr, denn oft treiben aus unbeschädigten geschlossenen Knospen wieder frische Nadeln. Bei Staunässe färben sich die Triebspitzen zunächst gelb, bevor sie braun werden. In diesem Fall ist es wichtig, den Boden zu entwässern, wenn die Wurzeln zu feucht stehen. Eventuell müssen die Bäume ausgegraben werden, damit sich der Boden dauerhaft verbessern lässt. Ähnliche Symptome zeichnen sich bei Trockenheit ab. In Hitzeperioden oder bei anhaltender Trockenheit im Winter sollten Immergrüne ausreichende Wassergaben erhalten, bevor Schäden erkennbar werden.

Alte Zapfen entfernen

Durch Schneebruch, durch Stürme oder durch den Schnitt ins alte Holz entstehen manchmal Zapfen oder Aststummel, die nicht mehr austreiben. Sie müssen glatt am Stamm weggeschnitten werden, sonst siedeln sich eventuell Schädlinge oder Pilzkrankheiten an, die ins gesunde Holz übergehen. Große Schnittwunden werden am besten mit einem Wundbehandlungsmittel verschlossen, das unter der Bezeichnung „künstliche Rinde“ im Fachhandel erhältlich ist.

Doppelten Gipfel ausschneiden

Fichten, Tannen und andere Nadelbäume mit geradem, durchgehendem Stamm bringen jedes Jahr einen Gipfeltrieb hervor, der verholzt und dann die Stammverlängerung bildet. Manchmal bricht dieser Gipfeltrieb, so dass aus geschlossenen Knospen Ersatztriebe wachsen. Meistens entwickelt sich einer dieser Triebe besonders kräftig und wird zum neuen Gipfel. Gelegentlich treiben aber mehrere Triebe gleich stark nach oben und es entsteht eine Zwistel (steile Astgabel). Dann sollten Sie zur Schere greifen und einen Trieb freischneiden. Die Konkurrenztriebe werden direkt an der Austriebstelle entfernt.

Krumme Gipfel stäben

Wenn der Gipfeltrieb eines Nadelbaumes nicht gerade aufrecht wächst, sollte er gestäbt werden. Dazu heftet man einen Bambusstab an den Stamm, so dass er über den Gipfel hinausragt. Dann drückt man den krummen Gipfeltrieb an den Bambusstab und heftet ihn mit Bast fest. Diese Stütze bleibt etwa ein Jahr in der Krone, bis der Gipfeltrieb verholzt ist.

Termine

Nadelgehölze schneidet man am besten im Frühjahr, wenn die Frostschäden erkennbar werden oder im Sommer wenn kleine Korrekturen wie etwa das Ausschneiden doppelter Gipfel oder der Rückschnitt störender Triebe nötig sind. Große Eingriffe werden aber besser im Winter erledigt, wenn die Bäume in der Saftruhe sind. Dann können Sie auch dicke Äste entfernen, falls dies nötig ist. Grundsätzlich sollten Nadelbäume aber so wenig

Doppelter Gipfel

wie möglich geschnitten werden, Hecken natürlich ausgenommen. Sie erhalten den jährlichen Pflegeschnitt etwa im Juli, sobald sie den Hauptjahreszuwachs vollendet haben. Danach bleiben sie bis zum nächsten Mai ziemlich in Form, zumal sie im Sommer nach dem Schnitt nur noch wenig wachsen.

Langstielige Triebe pinzieren

Ein besonderer Termin ist im Frühsommer, bevor die jungen Triebe ihre Nadeln entfalten. Zu dieser Zeit können Sie zu langstielige Nadelgehölze am besten

Pinzieren von Nadelholztrieben

Tipp

Ein neuer Gipfel für die Konifere

Im Wald streben Nadelbäume vom dunklen Boden zum Licht. Aus den Teminalknospen der Fichten, Tannen, Kiefern und der anderen Koniferen mit durchgehenden Mitteltrieben schießen jährlich meterlange Gipfeltriebe nach oben. Erst wenn im Sturm oder durch einen Schädling ein Gipfel bricht oder austrocknet, schiebt die beschädigte Pflanze einen neuen senkrechten Trieb empor, um der Konkurrenz beim Streben zum Licht beizukommen.

Auch im Garten bricht beim Pflanzen, bei Pflegearbeiten oder im Sturm manchmal eine Koniferenspitze. Die Gartenkonifere versucht wie der Nadelbaum im Wald den beschädigten Gipfel zu erneuern.

Schon während der Saison bringt die beschädigte Pflanze aus geschlossenen Knospen meistens mehrere steile Triebe hervor. Gewöhnlich wird einer davon die Führung übernehmen. Selten entwickeln sich mehrere gleich starke Gipfeltriebe. Dennoch sollten Sie den kräftigsten Trieb unterstützen, indem Sie rechtzeitig stäben, heften und freischneiden. Dazu wird am besten ein Bambusstab an den verholzten Mitteltrieb gebunden, der die Pflanze um etwa 50 cm überragt. Dieser Stab dient dem neuen Gipfel als Führung. Nun zieht man den noch krautigen aber nicht zu weichen Ersatztrieb an den Stab und bindet ihn mit Bast. Wenn die Konifere noch nicht ausgetrieben hat und noch keine Ersatztriebe sichtbar sind, sollten Sie mit dem Heften warten. Denn es ist besser, einen natürlichen senkrechten Ersatztrieb steil nach oben zu lenken, als einen Seitentrieb als Gipfel zu verwenden. Ein umfunktionierter Seitentrieb wächst selten straff aufrecht. Wenn nach dem Austrieb mehrere Triebe aus geschlossenen Knospen entspringen, wird der kräftigste geheftet, die übrigen Ersatztriebe schneidet man weg. Der neue Gipfel verholzt während des Jahres. Lösen Sie die Stütze rechtzeitig, damit der Bastverband nicht in die Rinde einschneidet.

pinzieren, beziehungsweise zu kompaktem Wuchs zwingen. Dazu werden die jungen noch geschlossenen Triebe („Kerzen“) einfach mit der Schere, mit einem scharfen Messer oder nur mit den Fingernägeln entspitzt oder ausgebrochen. Sie entwickeln sich dann nur halb so lang wie normal.

Nicht ins alte Holz schneiden

Die meisten Nadelgehölze sind – anders als Laubgehölze, die sich nach dem Schnitt rasch verzweigen – nicht sehr „verjüngungsfreudig“. Vor allem sollten Sie nicht ins alte Holz schneiden. Falls nötig, müssen alte Zweige bis zu einer Gabel oder bis zur Austriebstelle zurückgeschnitten werden, sonst bleiben Zapfen stehen, die meistens austrocknen. Einjährige Triebe lassen sich dagegen ohne Nachteile behandeln. Man kann sie beispielsweise entspitzen und zur Verzweigung anregen.

Große Schnittwunden an Nadelbäumen harzen stark. Achten Sie deshalb schon bei jungen Bäumen auf einen schönen Wuchs und schneiden Sie rechtzeitig, solange die störenden Triebe noch schwach sind.

Immergrüne Gehölze schneiden

Formschnitt

Die Erziehung zu geometrischen Figuren muss rechtzeitig beginnen. Nach der Pflanzung, die mit vorkultivierten Topfpflanzen jederzeit auch im Sommer möglich ist, brauchen die Bäumchen noch keinen Schnitt. Allenfalls werden überstehende Triebe eingekürzt. Zunächst sollen sie in Ruhe anwachsen.

Sobald sich die Jungpflanzen im Boden verankert haben beziehungsweise sobald sie im Pflanzkübel angewachsen sind und junge Triebe hervorbringen, kann der Formschnitt beginnen. Der Austrieb ist natürlich von der Jahreszeit abhängig. Den meisten Zuwachs bringen die Bäumchen im Frühjahr hervor. Im Sommer hält sich die Entwicklung neuer Triebe in Grenzen. Danach richtet sich auch der Schnitt. Es dürfen immer nur die jungen Triebe eingekürzt werden. Ein Schnitt ins Holz ist zu vermeiden. Im Sommer wachsen Kahlstellen, die durch einen zu kräftigen Rückschnitt entstehen, nicht mehr zu. Sie bleiben dann bis zum Austrieb im nächsten Frühjahr erhalten und sehen unschön aus.

Formschnitt beim Buchs

Die jungen Triebe sollten allerdings vom Frühjahr bis zum Sommer mehrmals zurückgeschnitten werden. Das regt sie zur Verzweigung an und fördert einen buschigen Wuchs. Mit den Jahren nehmen die Bäumchen durch den regelmäßigen Schnitt die gewünschte Kugel-, Kegel- oder Kastenform an. Sie lassen sich dann durch den Rückschnitt der jungen Triebe jeweils knapp an den Austriebstellen in dieser Form halten.

Stämmchen erziehen

Wenn ein Buchs, ein Kirschlorbeer oder ein anderer immergrüner Strauch als Bäumchen gezogen werden soll, ist es nötig, eine ausgewählte Pflanze schon von Jugend an zu beschneiden. Dazu wählt man ein Exemplar, das einen kräftigen geraden Trieb hat. Alle übrigen Triebe werden weggeschnitten, sodass ein kleines Stämmchen entsteht. Dieses wird nun in den nächsten Jahren immer weiter „aufgeputzt“ (frei geschnitten), bis die gewünschte Kronenhöhe erreicht ist. Dann lässt man die Seitentriebe wieder wachsen, damit sich eine Krone bildet. Je nach gewünschter Form wird diese Krone streng – etwa in Kugelform – geschnitten oder locker gehalten. Zwei solche Stämmchen sind beispielweise sehr schöne Spalierbäume am Hauseingang oder als Kübelpflanzen besondere Gestaltungselemente auf der Terrasse.

Pflegearbeiten

Buchs als Stämmchen

Ebenso wie Laubgehölze sind Eiben, Scheinzypressen und andere Nadelgehölze als Stämmchen formbar.

Immergrüne Laubholzhecken

Während sommergrüne Laubholzhecken einen kräftigen Rückschnitt vertragen, reagieren immergrüne empfindlicher. Buchsbaum-, Berberitzen- oder Feuerdornhecken (und ähnliche) verjüngen sich schlecht aus dem alten Holz und brauchen ziemlich lange, bis sie nach einem kräftigen Rückschnitt wieder dicht zusammenwachsen. Dennoch kann die Verjüngung nötig sein, etwa bei der Übernahme eines verwilderten Gartens oder in Folge von Frostschäden. Am besten bringt man sie im Spätwinter mit der Astschere wieder in Form und schneidet sie dann im Sommer nach. Das gilt auch für Kirschlorbeer- und Rhododendronhecken, die wegen ihrer großen Blätter ohnehin weniger streng geformt und grundsätzlich nur mit der Astschere geschnitten werden. Dadurch sind Verletzungen der Blätter zu vermeiden.

Nadelgehölzhecken

Thujen-, Scheinzypressen-, Fichten- und andere Nadelholzhecken sind zwar sehr schnittverträglich, wenn immer nur die Spitzentriebe gekappt werden, die Verjüngung und damit den Schnitt ins alte Holz vertragen sie jedoch schlecht. Keinesfalls dürfen die Flanken stark gestutzt werden, denn die Löcher die dabei entstehen, verwachsen kaum noch. Bei einem kräftigen Rückschnitt der Flanken müssen die Triebe auf jeden Fall noch einige Nadeln haben, sonst treiben sie gewöhnlich nicht mehr aus. Den Rückschnitt in der Höhe verkraften sie besser. Aber auch oben sollten sie maßvoll abgestuft und nicht zu stark gestutzt werden. Das gilt im Übrigen auch für sommergrüne Nadelholzhecken, insbesondere für Lärchen.

Immergrüne selbst vermehren

Liguster, Buchsbaum oder Heckenkirsche sind recht einfach und in großer Zahl durch Sommerstecklinge vermehrbar. Schwieriger ist die Anzucht von immergrünen Nadelgehölzen durch kurze Triebabschnitte.

Die Vermehrung von immergrünen Gehölzen, insbesondere von Heckenpflanzen, lohnt sich, zumal einige Arten recht erfolgreich durch Stecklinge zu bekommen sind. Dazu dienen junge Triebe von ausgewählten Sträuchern aus dem eigenen Garten oder aus der freien Natur. Den Mutterpflanzen schadet der Schnitt einiger junger Triebe nicht. Sie werden dadurch nur zur Verzweigung angeregt.

Möglicherweise lässt sich die Schnittgutgewinnung gleich mit dem Heckenschnitt verbinden, dann fällt ohnehin eine Menge Material an, das zur Stecklingsvermehrung geeignet ist. Die Zeit dazu beschränkt sich normalerweise auf die Sommermonate. Die Triebe sollten nicht mehr zu weich sein, sonst faulen sie im

Stecklingsvermehrung Schritt für Schritt

Stecklinge sind von der Mutterpflanze abgetrennte Triebe, die in einem genügend tiefen Gefäß bei ausreichender Bewässerung und hoher Luftfeuchte zu neuen Pflanzen heranwachsen. Diese Jungpflanzen sind mit der Mutterpflanze genetisch identisch. Achten Sie deshalb darauf, dass die Mutterpflanzen völlig gesund sind.

1) Die beste Zeit zur Stecklingsvermehrung für Immergrüne beginnt etwa im Juli und dauert bis zum Spätsommer an. Suchen Sie sich Gehölze ihrer Wahl und schneiden Sie so viele Stecklinge wie Sie brauchen. Die Stecklinge sollten zwischen 10 und 15 cm lang sein. Achten Sie darauf, dass sie nicht zu weich aber auch noch nicht holzig sind. Ideal sind elastische Jahrestriebe. Danach entfernen Sie die untersten Blätter ohne dabei die Knospen in den Blattansätzen zu verletzen. Nun schneiden Sie mit einem Messer den Steckling am letzten Auge schräg ab. Mit der Baumschere schneiden Sie den Steckling oben gerade ab.

2) Mischen Sie ein Sand- Pflanzerde (oder Torf)- Gemisch und geben Sie dieses in die Pflanzschale oder einen Topf. Danach stecken Sie die Stecklinge mit der angespitzten Seite in die Erde. Gießen Sie das Substrat gut an.

3) Sorgen Sie für eine hohe Luftfeuchtigkeit. Dies lässt sich erreichen, indem Sie ein passendes Glas über die Pflanze setzen oder eine Folienhaube darüber stülpen. Wenn sich Wasserperlen an der Schutzhülle bilden, entlüften Sie für kurze Zeit.

4) Bei günstigen Bedingungen bilden sich innerhalb der nächsten sechs Wochen Wurzeln. Dazu ist es wichtig, dass das Pflanzsubstrat genügend Feuchtigkeit bekommt, aber nicht vernässt. Die Stecklinge brauchen viel Wärme und weiterhin eine hohe Luftfeuchte.

5) Sobald die Pflänzchen Wurzeln haben, sollten sie vereinzelt werden. Jeder bewurzelte Steckling kommt in einen angemessenen Topf mit nährstoffreichem Substrat. Ende Oktober bringen Sie die Gefäße mit den bewurzelten Stecklingen an einen kühlen, aber frostfreien Platz. Sie bleiben hier bis zum nächsten Frühjahr. Kräftige Jungpflanzen lassen sich dann schon in den Garten auspflanzen.

Anzuchtsubstrat. Ein günstiger Termin ist etwa von Juli bis August. Die reifen Triebabschnitte wachsen besser an als Frühsommer- stecklinge. „Einfache" Arten wie Liguster oder Buchsbäumchen lassen sich aber den ganzen Sommer hindurch schneiden, stecken und zur Bewurzelung anregen. Das kann bereits Ende Juni geschehen. Dann haben diese Gehölze bereits den Hauptjahreszuwachs vollendet. Es zeichnen sich schon elastische, aber noch nicht verholzte Jahrestriebe ab, die als Stecklingsmaterial gut geeignet sind. Die noch weichen Triebspitzen werden einfach abgetrennt. Sie würden im Anzuchtsubstrat ohnehin nur welken. Die brauchbaren Triebstücke lassen sich zu Stecklingen verarbeiten. Das geschieht mit Hilfe einer scharfen Schere und einem geschliffenen

Stecklinge von Buchs

Tipp

Gelegentlich sind in den Baumschulen bewurzelte Stecklinge zu bekommen. Diese kleinen Pflänzchen ersparen die Anzucht und kosten dennoch weniger als handelsübliche Heckenpflanzen.

Gärtnermesser. Und zwar werden die Triebe auf etwa 10 cm lange Stücke zugeschnitten. Jeder dieser Stecklinge bekommt unten an einer Knospe einen schrägen Anschnitt. Die Blätter im unteren Drittel werden entfernt. Sie würden im Anzuchtsubstrat verfaulen. Bei Stecklingen mit großen Blättern empfiehlt es sich, die noch vorhandenen Blätter einzukürzen. Das vermindert die Verdunstung und ermöglicht einen geringeren Abstand zwischen den Stecklingen. Dennoch bleibt noch genügend Blattsubstanz, die für die Wurzelbildung nötig ist.

Buchs stecken

Bei günstigen Bedingungen können die Anwachsquoten fast 100 % betragen. Die Baumschulen nutzen dazu optimale Einrichtungen. Die Anzuchtkästen stehen in Warmhäusern, die mit Sprühnebelanlagen ausgestattet sind. Dadurch bekommen die Stecklinge ein beständig warmes, helles Klima mit hoher Luftfeuchte. Zuhause können nur selten vergleichbare Bedingungen geschaffen werden (z. B. in einem Wintergarten oder Kleingewächshaus). Dadurch vermindern sich natürlich auch die Anwachsergebnisse. Bei einem großen Bedarf an Jungpflanzen ist es nötig, entsprechend viele Stecklinge zu schneiden. Für eine gewöhnliche Formschnitthecke werden pro Meter etwa vier bis fünf kräftige Jungpflanzen benötigt. Bei einer Heckenlänge von beispielsweise 10 m besteht ein Bedarf an ca. 50 Pflanzen. Es lohnt sich also entsprechend mehr Stecklinge zu schneiden, zumal bei solchen Gehölzarten,

Bewurzelte Stecklinge

die von Natur aus geringere Anwachschancen haben. Während beispielsweise Buchsstecklinge recht zuverlässig Wurzeln bilden, halten sich die Bewurzelungsergebnisse bei Nadelgehölzen sehr in Grenzen. Die Stecklingsvermehrung von Thujen, Eiben oder Scheinzypressen bleibt deshalb den Baumschulen vorbehalten. Zuhause lohnt sich die Vermehrung von Nadelgehölzen in großer Stückzahl kaum, zumal die Wurzelbildung im Vergleich zu Laubgehölzen selbst bei besten Bedingungen sehr zögerlich einsetzt.

Pflanzenkunde von A–Z

Rhododendron "Blue Peter"

Alpenrosen

(Rhododendron- Arten)

In England greifen die Gärtner bereits zu rigorosen Mitteln um diesen wunderschönen Blütensträuchern den Garaus zu machen. Das wintermilde Klima auf der Insel fördert die starke Ausbreitung insbesondere von Rhododendron ponticum. In den meisten heimischen Gärten gibt es keine Probleme mit dem Ausbreitungsdrang der Rosenbäumchen – so die Übersetzung des botanischen Namens. Die typischen Moorbeetpflanzen brauchen sauren Boden. Kalkhaltige Böden vertragen sie nicht.

Standort

Rhododendren lassen sich zur Unterpflanzung hoher Bäume einsetzen, wenn sie ein saures Moorbeetsubstrat bekommen.

Pflege

Spätestens wenn sich gelbe Blätter zeigen, ist es Zeit für eine Versorgung mit frischer Rhododendronerde. Langstielige Exemplare lassen sich durch einen Rückschnitt zur Verjüngung anregen.

Buchsbaum

(Buxus sempervirens)

In heimischen Wäldern ist der Buchsbaum – oder besser gesagt das Buchsbäumchen – selten zu finden. Das kleine immergrüne Gehölz hat sich mehr in Parks und Gärten etabliert. Seiner ungewöhnlichen Schnittverträglichkeit wegen wird der Buchs in Mengen vermehrt und vermarktet. Er lässt sich zu Kugeln, Kegeln oder strengen Einfassungen trimmen. Die Vermehrung durch Stecklinge ist auch zu Hause leicht möglich. Bedarf für junge Buchsbäumchen gibt es in kleinen Hecken, in Kübeln oder auch zur Erziehung von Figuren. Frei wachsende, ungeschnittene Exemplare können zur Unterpflanzung von Bäumen dienen. Sie kommen – anders als beschnittene Pflanzen – zur Blüte.

Standort

Einsatzbereiche für diesen kleinblättrigen Immergrünen gibt es im ganzen Garten etwa zur Eingrenzung von Beeten, zur Einfassung von Bauerngärten oder als Beipflanzung von Rosen und anderen Gehölzen.

Pflege

Frei wachsende Exemplare brauchen – außer der Wasserversorgung in Trockenzeiten – keine besondere Pflege. Formschnittbuchs muss regelmäßig getrimmt werden.

Buchsbaum im Kübel

Efeu

(Hedera helix)

Ein Kletterer unter den immergrünen Gehölzen soll die kleine Auswahl abrunden. Der Efeu lässt sich sowohl zur Begrünung von Bäumen und Gebäuden nutzen, als auch zur flächigen Abdeckung schattiger Böden. Nach der Pflanzung als Bodendecker bildet der Efeu bald dichte Bestände. Es gibt auch eine Züchtung, die keine Haftwurzeln entwickelt und sich am Boden hält. Sie wurde aus der Altersform gewonnen. Neben den Jugendtrieben bringen alte Efeupflanzen Alterstriebe hervor, die im Herbst blühen und im Winter fruchten.

Standort

Wo er sich ausbreiten darf, hat sich der Efeu als robuste Kletterpflanze bewährt, die selbst große Wände ohne Hilfe erklimmt. Die typische Waldpflanze gedeiht auch im Schatten dichter Baumkronen.

Pflege

Sobald der Efeu angewachsen ist, braucht er keine Pflege.

Efeu am Baum

Störende Triebe lassen sich jederzeit zurückschneiden. An verputztem Mauerwerk ist nach der Pflanzung das Festheften (z.B. mit wetterbeständigem Klebeband) hilfreich, damit sich leichter Haftwurzeln bilden.

Pflanzenkunde von A–Z

Eibe

(Taxus)

Als langsam wachsender Waldbaum hat die Eibe kaum noch forstwirtschaftliche Bedeutung. Sie dient heute weniger für die Holzgewinnung; ihre Einsatzgebiete sind große und kleine Gartenanlagen.
Wer wilde Eibenwälder oder geschlossene Bestände dieser heimischen Nadelbaumart sehen möchte, hat dazu wenig Gelegenheit. Anders als Fichten oder Kiefern, die in ganz Europa verbreitet sind, wachsen Eiben nur noch in wenigen Regionen. Gruppen gibt es beispielsweise noch in den Alpen, im Thüringer Wald, in Oberfranken oder im Schwarzwald. Andernorts ist dieses durchaus robuste Gehölz weitgehend ausgerottet.
Eiben stehen heute unter Naturschutz. Die Ursache für den Raubbau war der Bedarf an hartem Holz. Vor allem diente das Eibenholz zum Bogenmachen. Die ursprünglich weit verbreiteten Eibenbestände erholten sich nicht mehr, zumal die Bäume sehr langsam wachsen. Sie wurden von schnellwüchsigen Arten verdrängt. Ihr geringer Lichtbedarf hat sie stellenweise vor der völligen Ausrottung gerettet. Eiben wachsen sogar in Buchenwäldern, in denen sonst nur wenige andere Pflanzen aufkommen. Wo sie vom Fällen verschont blieben, gibt es uralte Exemplare. Angeblich steht einer der ältesten Bäume der Erde – eine Eibe – in England. Auch in den Alpen sind ausgewachsene Exemplare zu finden. Der gestockte, strauchartige Wuchs lässt aber das Alter kaum erkennen.
Von Natur aus ist eine gute Vermehrung gesichert. Eiben entwickeln reichlich Früchte. Anders als zapfentragende Nadelbäume bilden sie Samen, die mit einem fleischigen Mantel umhüllt sind. Die Früchte werden gerne von Singvögeln verspeist. Sie reifen im Herbst, jedoch nur an erwachsenen weiblichen Pflanzen. Eiben sind zweihäusig. Es gibt also weibliche und männliche Exemplare. Die Geschlechter lassen sich im Frühjahr an den Blüten erkennen. Die männlichen Blüten sitzen in großen Mengen an der Unterseite der Zweige. Sie stäuben stark.
Die Pollen gelangen dann mit dem Wind auf die unauffälligen weiblichen Blüten. Alle Pflanzenteile der Eibe – ausgenommen der rote Fruchtmantel – sind stark giftig. Für den Garten kommen neben der Wildform (Taxus baccata) die Züchtungen in Frage. Es gibt Säulenformen, Pyramiden, Bodendecker und andere Sorten.

Standort

Alle Eiben eignen sich als Solitärs (für Einzelstellung) und zwar auch für schattige Plätze, sowie für dichte immergrüne Hecken oder für Formschnittpflanzen. Ihr dichtes Faserwurzelwerk macht zudem den Einsatz in Pflanzgefäßen möglich. Die kompakten Büsche können gut als winterharte Kübelpflanzen dienen. Jungpflanzen finden Sie gelegentlich im eigenen Garten. Sie werden sozusagen von den Vögeln vermehrt. Die eigene Anzucht durch Aussaat ist langwierig. Ebenso die Vermehrung durch Stecklinge. Zum Einsatz kommen deshalb vorzugsweise Containerpflanzen, die es in verschiedenen Sorten und Größen rund ums Jahr in Gartenmärkten gibt.

Pflege

Eiben sind äußerst schnittverträglich. Sie treiben sogar aus dem Holz aus. Dennoch ist ein radikaler Rückschnitt zu vermeiden. Eibenhecken sollten wie andere Formschnitthecken regelmäßig im Sommer in Form gebracht werden. Eine Düngung mit Kompost fördert die Vitalität.

Eibe in Kugelform

Felsenmispel mit Fruchtschmuck

Felsenmispeln

(Cotoneaster)

Zum „Einheitsgrün“ verkommen, sind die Felsenmispeln zur Zeit weniger in Mode. Dennoch ist der Wert dieser äußerst robusten Laubgehölze unbestritten. Insbesondere haben sich die niedrigen Arten als unverwüstliche Bodendecker bewährt. Wer die kleinen immergrünen Sträucher mit ihren Blüten und Früchten näher betrachtet, wird sicher Gefallen an ihnen finden. Es gibt aber auch große Arten, die meterhohe Büsche bilden (z. B. C. salicifolius var. floccosus).

Standort

Im Garten sind die Bodendecker zur Begrünung steiniger Hänge zu empfehlen. Einzelne Exemplare machen sich durchaus auch in Steingärten oder auf Trockenmauern gut. Die hohen Arten passen gut in gemischte immergrüne Hecken.

Pflege

Alle Arten sind schnittverträglich, brauchen aber keinen Schnitt, wenn sie sich ungehindert ausbreiten können. Die sehr genügsamen Kriechmispeln kommen auch auf kargen Böden ohne Versorgung zurecht.

Fichte

(Picea)

Fichten sind große, kleine, überhängende aufrecht wachsende, breite oder schlanke Koniferen – je nach Art und Sorte. Sie sind robust und frosthart und gedeihen auf jedem Boden. Als Flachwurzler sind sie jedoch windwurfgefährdet. Besonders bei großen Arten stört das ausgebreitete Wurzelwerk, weil es keine Unterpflanzung zulässt. Nur wo sie ihre typischen durchhängenden Äste ausbreiten und ihre mächtigen Kronen entfalten dürfen, sind Fichten als Gartenbäume geeignet. Wo sie zu breit würden, ersetzt man sie besser durch die schlanken Serbischen Fichten (Picea omorika). Diese sind ebenso wie die Wald- oder auch die Blaufichten äußerst schnittverträglich und lassen sich sogar als Formschnitthecken ziehen.

Zuckerhutfichte

Standort

Große Fichten brauchen langfristig genügend Raum zum Aufwachsen, zumal sie mehr als 20 m Höhe erreichen. Für kleine Plätze bieten sich die Zwergformen an, so etwa die Zuckerhutfichte (Picea glauca "Conica"), die Nestfichte (Picea abies "Little Gem"). Alle Arten und Sorten sind nur für sonnige Plätze geeignet.

Pflege

Die Zuckerhutfichte „schlägt manchmal in die Wildform zurück“, d. h., gelegentlich treiben starke Triebe durch, die zu entfernen sind. Hängefichten (Picea abies "Inversa") müssen immer wieder gestäbt und aufgebunden werden, bis sie die gewünschte Höhe erreicht haben. Das Stäben, sowie das Ausschneiden von Konkurrenztrieben ist eventuell auch bei den großen Fichten-Arten nötig, wenn der Gipfeltrieb beispielsweise verkümmert oder abgebrochen ist. Die Entwicklung von doppelten Stämmen ist im Übrigen von Anfang an zu verhindern. Bereits bei Jungpflanzen sind diese Konkurrenztriebe direkt am Boden zu entfernen, so dass sich der Hauptleittrieb ungehindert entwickeln kann.

Immergrüner Schneeball

Immergrüner Schneeball

(Viburnum rhytidophyllum)

Es gibt viele Schneeballarten, allerdings ist die Auswahl an immergrünen Arten auf wenige beschränkt. Dazu gehört der Laurustinus (V. tinus), der bei uns nur als Kübelpflanze kultivierbar ist. Als Gartengehölz kommt der Immergrüne Schneeball (V. rhytidophyllum) zum Einsatz, der sich durch große runzelige Blätter auszeichnet. Manchmal gehen Sämlinge im Garten auf, die sich umpflanzen und an günstigeren Plätzen nutzen lassen. Ein Höhepunkt im Jahresablauf ist die Blütezeit.

Standort

Obwohl die Blätter im Sommer nicht sehr dekorativ wirken, ist ihr Wert im Winter nicht zu unterschätzen. Der große Strauch eignet sich beispielsweise als Sichtschutz zur Straße oder zur Abschirmung von Sitzplätzen.

Pflege

Der Schnitt der großen Sträucher beschränkt sich auf das Entfernen dürrer Triebe. Normalerweise brauchen die genügsamen Gehölze an geeigneten Standorten (insbesondere auf tiefgründigen Böden) weder Wassergaben noch Dünger.

Johanniskraut
(Hypericum calycinum)

Im Sortiment der immergrünen Laubgehölze darf das großblütige Johanniskraut nicht fehlen, obwohl dieser Strauch aus Südosteuropa nur zeitweise belaubt ist und deshalb zu den sogenannten wintergrünen Gehölzen zählt. Bei mildem Wetter bleiben die Blätter aber lange erhalten. Sie frieren erst bei anhaltendem Frost ab. Schon im Spätwinter aber bringen die Triebe wieder frisches Grün aus den Triebknospen hervor.
Auffällig wirken die großen gelben Blüten, die sich den ganzen Sommer hindurch entfalten.

Standort
Johanniskraut fühlt sich an sonnigen und halbschattigen Standorten wohl. Die etwa kniehohen Büsche eignen sich als Bodendecker in schattigen Vorgärten oder zur flächigen Begrünung unter Bäumen.

Pflege
Der Rückschnitt im Spätwinter sollte erst erfolgen, wenn das Ausmaß der Frostschäden erkennbar ist. Regelmäßige Kompostgaben im Frühjahr fördern die Vitalität.

Blühendes Johanniskraut

Kiefer
(Pinus)

Von der Kiefer gibt es baumförmige Arten, sowie breit und niedrig wachsende, insbesondere die Latschen oder Bergkiefern (Pinus mugo), die keine Bäume bilden, sondern Büsche. Wildformen brauchen reichlich Platz zum Ausbreiten. Sie vertragen aber auch, wie alle Kiefern, einen Schnitt, und zwar am besten im Frühjahr zur Zeit des Austriebes. Dann lassen sich die jungen noch krautigen Triebe leicht mit den Fingernägeln oder mit der Schere pinzieren (entspitzen). Dadurch entwickeln sie sich nicht zur vollen Länge, sondern zu kurzen Ästen. Allerdings müssen alle Triebspitzen pinziert werden. Wenn einer vergessen wird, treibt er voll durch und entwickelt sich zur normalen Länge. Statt kräftig wachsende Kiefern zu pinzieren, kann man natürlich auch schwach wachsende Sorten wählen, so etwa statt der Bergkiefer (Pinus mugo), die kompakte Zwergform (Pinus mugo var. pumilio). Neben den buschförmigen gibt es eine Reihe stammbildender Arten, so etwa die Waldkiefer (Pinus sylvestris), die Schwarzkiefer (Pinus nigra) oder die Seidenkiefer (Pinus strobus). Diese Bäume bilden in engem Stand hohe Stämme mit schütteren Kronen. In freiem Stand entfalten sie dagegen breite Schirmkronen. Man kann sie bis zum Boden beastet lassen oder die Stämme aufputzen, also bis in eine bestimmte Kronenhöhe freischneiden.

Standort
Der Standort richtet sich nach der Art. Große Kiefern brauchen genügend Raum zur Entwicklung ihrer breiten Schirmkronen. Kleine Züchtungen kommen sogar in Kübeln zurecht. Latschen

Pinus mugo “Mops”

eignen sich zur Begrünung von Steingärten oder für niedrige Hecken, insbesondere die Zwergformen. Alle Arten sind „Lichtbäume“; sie brauchen sonnige Plätze.

Pflege

Neben dem Schnitt bzw. dem Pinzieren der „Kerzen“ im Frühjahr ist für Kiefern keine besondere Pflege nötig. Die robusten und genügsamen Gehölze haben sich als völlig frosthart und sehr trockenheitsresistent bewährt. Nur in Kübeln sind sie auf eine regelmäßige Versorgung angewiesen.

Kirschlorbeer

(Prunus laurocerasus)

Blühender Kirschlorbeer

Der wohl schönste immergrüne Strauch, der besonders im Winter mit glänzend grünen Blättern auffällt, stammt aus den Wäldern des östlichen Balkan und Vorderasiens. Die Wildform des Kirschlorbeer gedeiht vorzugsweise an schattigen Plätzen. Wie andere Immergrüne kommt das recht robuste Gehölz auch unter Bäumen zurecht, zumal es den Wurzeldruck verträgt. Vom Kirschlorbeer gibt es einige Züchtungen, die sich sowohl für immergrüne Hecken als auch für den freien Stand oder als Kübelpflanzen eignen. Die Lorbeerkirsche – so der richtigere deutsche Name – bringt im Frühjahr weiße Blüten hervor. Daraus entwickeln sich schwarze Früchte, die giftige Blausäure enthalten!

Standort

Die niedrigen Sorten sind für kleine Hecken oder als Bodendecker zu empfehlen. Die großblättrige Züchtung ("Macrophylla") lässt sich auch für hohe Hecken einsetzen.

Pflege

Jungpflanzen sollten – besonders nach der Pflanzung im Herbst – einen luftigen Frostschutz erhalten. Der Schnitt von Kirschlorbeerhecken erfolgt mit der Astschere, denn die Heckenschere verursacht schlimme Wunden an den großen Blättern.

Lebensbaum "Aurea Nana"

Lebensbaum

(Thuja)

Thujen sind neben den Scheinzypressen und den Eiben die schnittverträglichsten Nadelgehölze. Sie eignen sich auch für Hecken und vertragen dann den jährlichen Rückschnitt im Sommer gut. Allerdings ist ein Schnitt ins alte Holz zu vermeiden, weil sie sich schlecht verjüngen und die Kahlstellen nach einem zu starken Rückschnitt nicht mehr zuwachsen. Große Einzelexemplare (z. B. Thuja occidentalis), die meistens mehrstämmig wachsen und nur im Wald d. h. in engem Stand, einzelne Stämme bilden, brauchen keinen Schnitt, ebenso wenig wie die vielen verschiedenen kleinen Sorten (z. B. Thuja occidentalis "Danica", "Homstrup" u. a.) oder die Säulenformen (z. B. Thuja occidentalis "Columna").

Standort

Thujen gedeihen vorzugsweise an lichten Plätzen, zumal sie im Schatten leicht schütter werden. Der Boden sollte tiefgründig und nährstoffreich sein.

Pflege

Wie oben beschrieben sind Heckenpflanzen auf den regelmäßigen, formgebenden Schnitt angewiesen – ausgenommen Säulenthujen (T. occidentalis "Columna"), die in straff aufrechter Form wachsen.
Die regelmäßige Versorgung von Heckenpflanzen mit Kompost fördert den Wuchs.

Liguster

(Ligustrum ovalifolium)

Anders als der heimische Liguster (L. vulgare), der zu den wintergrünen Gehölzen gehört, ist der Verwandte aus Japan eine echte immergrüne Art. Wintergrüne behalten ihr Laub nicht immer das ganze Jahr. Sie verlieren einen Teil während des Winters. Der Immergrüne Liguster bleibt bei mildem Wetter bis zum Austrieb im Frühjahr grün. Nur bei anhaltender Kälte sind Frostschäden nicht zu vermeiden. Die Sträucher bringen aber im Frühjahr wieder frische Blätter hervor. Es gibt auch eine gelbblättrige Art (L. ovalifolium "Aureum"), die ähnliche Eigenschaften hat wie die grünblättrige. Nur im Wuchs bleibt sie etwas kleiner.

Liguster

Standort

An geschützten Plätzen wie etwa in Innenhöfen oder unter Bäumen lässt sich der immergrüne Liguster als Solitär ansiedeln oder in Hecken ziehen. Sehr schön sind auch gemischte Hecken mit verschiedenen immergrünen Laubgehölzen.

Pflege

Liguster sind für ihre Schnittverträglichkeit bekannt. Formschnittfiguren oder auch Hecken brauchen den regelmäßigen Schnitt im Sommer. Verwilderte Pflanzen verkraften einen Verjüngungsschnitt besser im Spätwinter.

Mahonie
(Mahonia aquifolium)

Obwohl der kleine Strauch aus der Familie der Berberitzengewächse recht weit verbreitet ist und durch Samen auch selbst dazu beiträgt, wurde er ursprünglich aus Nordamerika eingeführt. Andere Arten sind zudem in Ostasien heimisch (z. B. M. japonica, M. bealei). Alle kommen gleichermaßen in lichten Wäldern vor. Hier bringen sie im Frühjahr leuchtend gelbe Blüten hervor. Im Sommer tragen sie dann blaue Beeren, die oft bis in den Winter an den Büschen bleiben. Das ledrige Blattwerk fällt in manchen Jahren strengen Frösten zum Opfer. Die Büsche verjüngen sich aber im Frühjahr wieder aus Triebknospen.

Standort
Wie für andere Immergrüne sind die besten Einsatzbereiche in absonnigen Lagen etwa unter Bäumen oder an Nordseiten. Mahonien können besonders auch zur Begrünung ungenutzter Hänge und Böschungen nützlich sein.

Pflege
Wo sie verwildern dürfen, brauchen Mahonien keine besondere Pflege. Mit dem Rückschnitt der Frostschäden ist bis zum Frühjahr abzuwarten. Oft sind nur die Blätter geschädigt. In den Blattachseln sitzen austriebsfähige Knospen.

Blühende Mahonie

Scheinzypresse

(Chamaecyparis)

In südlichen Ländern ragen Zypressen schnurstracks in den Himmel. Nördlich der Alpen sind diese Nadelgehölze nicht winterhart. Hier können aber die robusten Scheinzypressen eine ähnliche Wirkung erzielen. Das negative Image, das diesen prächtigen Bäumen ebenso wie den Lebensbäumen (Thuja) anhängt, kommt wohl vom allzu häufigen Einsatz als Heckenpflanze. Ihre enorme Schnittverträglichkeit, die Robustheit und das immergrüne Blattwerk hat diese nordamerikanischen Waldbäume zum "Einheitsgrün" verkommen lassen. Selbstverständlich ist ihr Wert als immergrüne Heckenpflanze nicht zu verachten. Dennoch sollten die verschiedenen Einsatzmöglichkeiten dieser Gehölze viel stärker hervorgehoben werden. Sie eignen sich sowohl für den freien Stand (als Solitärs) als auch für lockere Gruppenpflanzungen. Das große Sortiment bietet für große und kleine Gartenanlagen etwas. Wildformen wie die Lawsons Scheinzypresse (Chamaecyparis lawsoniana) erreichen in ihrer nordamerikanischen Heimat Höhen von über 50 m. Bei uns

Scheinzypresse

gedeihen häufiger Züchtungen von dieser in Parks und Gärten, so etwa die Säulenscheinzypresse (Chamaecyparis lawsoniana ´Columnaris`), die streng säulenförmig wächst und gerade 5 bis 10 m hoch wird. Zum Einsatz kommen oft auch Sorten mit bunten Nadeln. Das können gelbe Züchtungen sein wie Chamaecyparis lawsoniana "Stewartii" oder solche mit blauen Nadeln (z. B. Chamaecyparis lawsoniana "Alumii"). Die kleinen Züchtungen passen sogar in Kübel auf Balkons und Terrassen (z. B. Chamaecyparis lawsoniana "Minima Aurea"). Im Handel sind weit mehr als 20 verschiedene Züchtungen von dieser Art zu bekommen. Es gibt sie auch als Containerpflanzen, die jederzeit in den Garten umgesetzt werden können. Wie bei anderen Gehölzen beschränkt sich die Auswahl nicht nur auf eine Art und deren verschiedene Züchtungen, vielmehr sind neben Lawsons Scheinzypressen noch Nutkazypressen (Chamaecyparis nootkatensis), Muschelzypressen (Chamaecyparis obtusa), Fadenzypressen (Chamaecyparis pisifera) und andere Arten zu bekommen, sowie etliche große und kleine Züchtungen. Besonders zu erwähnen ist eine Kreuzung zwischen einer echten Zypresse und einer Scheinzypresse. Dieser Bastard der als Leylandszypresse (Cupressocyparis leylandii) bekannt ist, zeichnet sich durch eine recht gute Frosthärte und einen starken Wuchs aus. In der Form gleicht der Baum mehr der breitkegeligen Scheinzypresse als der schlanken Mittelmeerzypresse.

Standort

Alle Arten sind gleichermaßen tolerant. Sie kommen auf jedem Gartenboden gut zurecht. Am besten gedeihen sie auf nährstoffreichem, tiefgründigem Lehmboden mit gutem Wasserabzug. Auf trockenen Böden sehen sie allerdings schütter und kränklich aus. Große Jungpflanzen gibt es oft recht günstig als Heckenpflanzen in Töpfen zu kaufen. Solche Containerpflanzen eignen sich natürlich auch als Einzelexemplare für den freien Stand. Sie lassen sich ebenso im Verband mit anderen Nadelgehölzen und Laubgehölzen in lockere gemischte Hecken einsetzen. Hier bieten sie im Winter einen wirksamen Wind- und Sichtschutz (z. B. auf der Nordseite).

Pflege

Alle Arten sind schnittverträglich. Wenn besonders straffe Formen gewünscht werden, ist dies durch das Trimmen mit der Heckenschere möglich. Allerdings sollte die Formgebung schon von Jugend an regelmäßig im Sommer geschehen. Dabei werden immer nur die jungen Triebspitzen eingekürzt. Einen Schnitt ins alte Holz vertragen sie nicht.

Stechpalme

(Ilex aquifolium)

Mit Palmen ist der Ilex nicht verwandt, vielmehr zeichnet er sich als robustes Gehölz heimischer Wälder aus. Hier kommt er mit den geringen Lichtverhältnissen zurecht, die im Sommer unter den dichten Buchenkronen herrschen. Seine glänzend grünen Blätter bleiben auch im Winter erhalten. An einem passenden Platz wächst die heimische Art zu einem Baum mit mehr als 5 m Höhe auf. Die zweihäusigen Gehölze – es gibt weibliche und

Stechpalme mit Fruchtschmuck

männliche Pflanzen – bringen im Frühjahr unscheinbare Blüten hervor. Bei weiblichen Pflanzen entwickeln sich daraus dekorative rote Beeren, wenn sie bestäubt wurden. Neben der Wildform sind einige Züchtungen, unter anderem auch mit gelb-grünen oder weiß-grünen Blättern, zu bekommen.

Standort

Stechpalmen passen gut in Vorgärten oder an schattige Terrassen. Das ledrige, an den Rändern gezackte Blattwerk kann auch in Hecken nützlich sein. Es lohnt sich, mehrere Exemplare zu pflanzen, um die Chancen der Fruchtentwicklung zu erhöhen.

Pflege

Die genügsamen Immergrünen brauchen keine besondere Pflege. Nur bei anhaltender Trockenheit sind Wassergaben hilfreich.

Tanne

(Abies)

Tannen, insbesondere die hohen Arten wie etwa die Weißtanne (A. alba), bilden jeweils einen geraden senkrechten Stamm mit waagrecht abstehenden Seitenästen. Tannen unterscheiden sich dadurch von den Waldfichten, deren Äste deutlich durchhängen. Weitere Unterscheidungsmerkmale sind die weichen Nadeln (Fichtennadeln stechen) und die stehenden Zapfen (Fichtenzapfen hängen an den Zweigen). Der Stamm muss gelegentlich in der Jugend korrigiert, d. h. gestäbt und geheftet werden. Dies ist vor allem bei Veredelungen nötig (z. B. bei veredelten Koreatannen). Konkurrenztriebe zum Gipfel sind zu entfernen, damit sich keine Zwisteln (Doppelstämme) bilden. Bei alten Exemplaren sollten dürre Zweige im Kroneninneren und unten am Stamm ausgeputzt werden. Die kleinen Tannensorten, wie etwa die Zwergbalsamtanne (Abies balsamea "Nana") bleiben niedrig und gedrungen und brauchen keinen Schnitt.

Standort

Als Gartenbäume haben starkwüchsige Tannen nur einen Wert, wenn sie langfristig ihre großen Kronen entfalten können. In kleine Gärten passen besser Koreatannen oder gezüchtete Zwergformen. Sie sind gleichermaßen auf tiefgründigen, nährstoffreichen Boden mit guter Wasserführung angewiesen.

Koreatanne mit Zapfen

Pflege

Neben korrigierenden Eingriffen, wie dem Ausschneiden doppelter Gipfel, brauchen Tannen auf passenden Plätzen keine besondere Pflege, zumal sie frosthart sind.

Wacholder

(Juniperus)

Wacholder gehören zu den Nadelbäumen, aber – wie viele andere Arten – nicht zu den Koniferen, weil sie keine Zapfen, sondern Beeren tragen. Nur Nadelbäume mit Zapfen, so etwa Fichten, Tannen und Kiefern, sind Koniferen (coniferum = zapfentragend). Vom Wacholder gibt es flachwachsende Arten (z. B. Juniperus communis "Repanda"), breitbuschige (z. B. Juniperus chinensis-Sorten) und säulenförmige (z. B. Juniperus communis "Hibernica"), sowie Zwergformen (z. B. Juniperus squamata "Blue Star").

Standort

Alle Arten gedeihen am besten in sonnigem Stand und brauchen keinen besonderen Boden. Sie eignen sich gleichermaßen für Heidebeete mit saurem Boden oder auch für Steingärten mit hohem Kalkgehalt.

Pflege

Wacholder sind recht schnittverträglich, brauchen aber gewöhnlich keinen Schnitt. Säulenförmige lassen sich eventuell pinzieren, wenn sie auseinander fallen, wobei die überhängenden Spitzen mit der Heckenschere gekappt und zur Verzweigung angeregt werden. Pfitzerwacholder und andere breit wachsende Arten lassen sich durch den Rückschnitt einiger Äste reduzieren.

Wacholder

Gartenkalender

Gartenkalender

Rhododendron

Nordmannstanne

Pflege des immergrünen Gartens rund ums Jahr

Immergrüne im Garten brauchen grundsätzlich nicht mehr Pflege als sommergrüne Pflanzen. Selbst im Winterhalbjahr kommen die meisten Arten mit den veränderten Wachstumsbedingungen gut zurecht. Nicht ganz winterharte Arten wie Salbei und Lavendel ruhen unter einer Reisigdecke. Die heimischen Pflanzen wie Efeu oder Buchs sind auch in der Natur an die niedrigen Temperaturen und das geringe Licht angepasst. Andere Arten – wie etwa Rhododendren – schützen sich selbst, indem sie ihre Blätter bei Frost einrollen. Die meisten Nadelgehölze zeichnen sich ohnehin durch eine ungewöhnliche Härte aus. Den Sommer über erhalten sie bei Bedarf ebenso wie sommergrüne Pflanzen Wassergaben.
Der übersichtliche Kalender auf den folgenden Seiten zeigt die Arbeiten, die in jedem einzelnen Monat anfallen.

Immergrüner Garten im Herbst

Kirschlorbeer mit Reif

- Auswahl und Bestellung von Pflanzen und Saatgut
- Werkzeuge säubern und warten
- Bei mildem Wetter Boden bearbeiten für Neuanlagen
- Überwinterungsräume der immergrünen Kübelpflanzen lüften
- Eventuell Bodenproben untersuchen lassen (vor Neupflanzungen)

Januar

- Frostschutz kontrollieren (z. B. bei immergrünen Kräuterpflanzen)
- Noch Frostschutz und Schattierung mit Fichtenreisig bei immergrünen Stauden und nicht ganz winterharten Gehölzen
- Schutz vor Wintersonne, besonders in Südlagen
- Nassschnee von immergrünen Gehölzen abschütteln
- Immergrüne bei Trockenheit bewässern (besonders Kübelpflanzen)
- Planung neuer Anlagen mit Immergrünen

Februar

- Frostschutz kontrollieren
- Tagsüber den Frostschutz zum Teil entfernen (z. B. bei blühenden Christrosen), nachts oder bei Spätfrost wieder auflegen

- Nassschnee unbedingt abschütteln
- Gehölze schneiden (z. B. störende Äste bei Kiefern)
- Immergrüne Gehölze und Stauden auswählen und bestellen
- Reife Zapfen ernten und Samen aussäen (bei Kiefern und anderen Koniferen)
- Boden vorbereiten für Neuanlagen
- Bei mildem Wetter mit der Pflanzung beginnen (z. B. Gehölze umpflanzen)
- Immergrüne bei Trockenheit gießen (z. B. Buchs und Koniferen in Schalen)

Gartenkalender

- Empfindliche Pflanzen vor Wintersonne schützen (z. B. Rhododendron, immergrüner Bambus)
- Überwinterungsräume der Kübelpflanzen lüften
- Werkzeuge pflegen

März

- Frostschutz teilweise entfernen (bei Christrosen und anderen Frühblühern), zum Schutz vor Spätfrösten noch griffbereit halten
- Empfindliche Arten vor Wintersonne schützen (z. B. asiatischer Rhododendron)
- Nassschnee abschütteln
- Besonders Pflanzen im Regenschatten bei Trockenheit gießen
- Frostgeschädigte Blätter bei Stauden, Gräsern und Farnen rechtzeitig vor dem Austrieb zurückschneiden
- Immergrüne Gehölze schneiden, falls nötig (nur störende Äste)
- Frostschäden behandeln (z. B. Rückschnitt bei immergrünen Gehölzen)
- Bei mildem Wetter beginnt die Pflanzzeit für alle Arten (Gehölze, Stauden, Gräser)
- Störende Pflanzen umsetzen (mit Erdballen)
- Immergrüne Stauden teilen und vermehren
- Christrosen, Alpenveilchen u. a. Topfpflanzen in den Garten umsetzen
- Rhododendren mit frischem Moorbeetsubstrat versorgen
- Neuanlage oder Renovierung von immergrünen Beeten
- Stauden düngen (mit Kompost versorgen)
- Freiflächen zwischen Immergrünen mulchen (vorzugsweise mit Rindenmulch)
- Überwinterungsräume der Kübelpflanzen lüften, robuste Pflanzen auswintern (d. h. aus dem Winterquartier ins Freie stellen)
- Immergrüne Kübelpflanzen durch Stecklinge vermehren (z. B. Oleander)

April

- Frostschutz entfernen, nur bei südländischen Arten noch griffbereit halten (z. B. Rosmarin)
- Störende Keimlinge in immergrünen Beeten rechtzeitig jäten, bei unbekannten Pflanzen warten, bis die Art erkennbar ist
- Stauden und Gräser rechtzeitig vor dem Austrieb teilen, Frühblüher (z. B. Christrosen) erst nach der Blütezeit oder im Herbst
- Pflanzzeit für alle Arten (Gehölze, Stauden, Gräser)
- Moorbeet anlegen und bepflanzen (z. B. mit Rhododendron und Heidekraut)
- Rhododendren umpflanzen (nach der Blüte) oder mit frischem Moorbeetsubstrat versorgen
- Stauden, Gräser und Farne düngen (mit Kompost)
- Pflanzenschutz schon beim Austrieb, bei Stauden insbesondere Schutz vor Schnecken
- Mulchen mit Rindenmulch unter immergrünen Gehölzen und im Staudenbeet
- Überwinterungsräume der Kübelpflanzen lüften, robuste Pflanzen auswintern

Mai

- Noch ist Pflanzzeit für Containerpflanzen von immergrünen Gehölzen und Stauden
- Frostschutz völlig entfernen (auch bei mediterranen Arten wie Rosmarin)
- Störende Pflanzen jäten, Boden lockern und mulchen
- Immergrüne Kübelpflanzen ausquartieren (z. B. Agave, Oleander, Palmen), vor direkter Sonneneinstrahlung noch schützen

Juni

- Sommerblumen (z. B. Gazanie, Canna, Knollenbegonie) in Beete mit Immergrünen auspflanzen
- Bei trockenem Wetter gießen (vor allem Neupflanzungen)
- Blütezeit vieler Rhododendren; welke Blüten ausputzen bevor sich Samen bilden
- Rhododendren mit gelben Blättern in frisches Moorbeetsubstrat umpflanzen
- Immergrüne Formschnitthecken und Figuren rechtzeitig trimmen (nur junge Triebe einkürzen)
- Wurzelschutz bei wuchernden Bambus-Arten in den Boden einsenken
- Pflanzenschutz mit biologischen Mitteln (z. B. kranke Pflanzenteile abschneiden und vernichten)
- Pflanzzeit für Containerpflanzen von Stauden und Gehölzen
- Gießen bei anhaltender Trockenheit
- Empfindliche Stauden und Farne schattieren
- Jäten von störenden Keimlingen und mulchen in immergrünen Beeten
- Trimmen von Formschnittgehölzen (z.B. Kugelbuchs, Beeteinfassungen)
- Schneiden von immergrünen Hecken (ab Monatsende; auf brütende Vögel achten, evtl. Termin verschieben)
- Entfernen welker Blüten bei Stauden (es sei denn, sie sollen Samen bilden)
- Mustergärten besuchen (Gestaltungsideen sammeln)
- Immergrüne Kübelpflanzen pflegen (häufig wässern, vor Staunässe und Zugluft schützen)
- Pflanzenschutz mit biologischen Mitteln (z. B. kranke Pflanzenteile abschneiden und vernichten)

August

- Stauden- und Gehölzpflanzung mit Containerpflanzen
- Ab Monatsende beginnt die Pflanzzeit für immergrüne Gehölze mit Wurzelballen; dann sind auch Umpflanzungen möglich
- Gießen bei Trockenheit (evtl. Urlaubsvertretung organisieren)
- Mulchen mit Rindenmulch schützt vor Austrocknung und Verschlämmung bei heftigen Regenfällen

Juli

- Pflanzzeit für Containerpflanzen von Stauden und Gehölzen
- Bewässerung in Trockenperioden
- Sammeln von Staudensamen für Vermehrung
- Sichtungsgärten besuchen (auch Gartenschauen)
- Formschnitt bei Kugelbäumchen, Säulen etc.
- Immergrüne Hecken schneiden (auf brütende Vögel achten)
- Immergrüne Gehölze durch Stecklinge vermehren (z. B. Liguster, Buchs, Feuerdorn)
- Jäten und mulchen auf freien Beetflächen
- Gehölze stäben und heften (z. B. krumme Gipfel bei Koniferen)
- Empfindliche Pflanzen schattieren (z. B. ins Freie ausgesetzte Jungpflanzen)
- Kübelpflanzen pflegen und eventuell vermehren (durch Stecklinge)
- bei Stauden, Farnen und Gräsern welke Pflanzenteile ausputzen
- Pflanzenschutz mit biologischen Mitteln (z. B. kranke Pflanzenteile abschneiden und vernichten)

September

- Pflanzzeit sowohl von Containerpflanzen als auch von Pflanzen mit Wurzelballen
- Günstige Zeit zum Umpflanzen von Nadelgehölzen
- Große Gehölze nach der Pflanzung pfählen
- Umpflanzen und teilen von Stauden und Gräsern
- Verwilderte Beete wieder neu gestalten
- Mulchen mit Rindenmulch
- Gießen bei Trockenheit
- Frostschutz für empfindliche Pflanzen vorbereiten
- Termin für die Vermehrung von immergrünen Gehölzen durch Stecklinge
- Einjährige Sommerblumen durch winterharte Arten ersetzen (Pflanzen besorgen)
- Lockere Gehölze pfählen
- Empfindliche Kübelpflanzen ins Winterquartier einräumen
- Immergrüne Polsterstauden durch Ausläufer vermehren
- Pflanzenschutz mit biologischen Mitteln (z. B. kranke Pflanzenteile abschneiden und vernichten)
- Termin zum Schnitt von Nadelgehölzen (z. B. Bergkiefern)
- Formschnittgehölze trimmen (z. B. Kugelbuchs, Beeteinfassungen)
- Termin für die Vermehrung von immergrünen Gehölzen durch Stecklinge
- Gehölze stäben und heften (z. B. krumme Gipfeltriebe bei Koniferen)

Oktober

- Pflanzzeit für alle Gehölze und Stauden (ausgenommen frostempfindliche Arten)
- Umgestaltung von immergrünen Beeten durch Umpflanzarbeiten
- Frostschutz vorbereiten (Fichtenreisig besorgen)
- Frostempfindliche Arten langsam einquartieren (bei Frostgefahr)
- Falllaub in Staudenbeeten liegen lassen (dient als Frostschutz und Mulchmaterial)
- Schnittgut kompostieren

November

- Reifen Kompost verwerten (z. B. für Pflanzungen)
- Zwiebeln pflanzen für das Frühjahr
- Rhododendren in frisches Substrat pflanzen
- Wasserleitungen und frostempfindliche Wasserbecken leeren
- Brachland umgraben zur Vorbereitung für Neuanlagen im Frühjahr

- Pflanzzeit für alle Gehölze und Stauden (ausgenommen frostempfindliche Arten)
- Nicht ganz winterharte Pflanzen einpacken (z. B. mit Laub anhäufeln und mit Reisig bedecken)
- Frostempfindliche Arten einquartieren (bei Frostgefahr)

- Rosen nur ausputzen, dann mit Erde anhäufeln; Rückschnitt erst im Spätwinter
- Laubhaufen, lose Steinhaufen, Holzstapel etc. liegen lassen für Igel, Kröten und andere Nützlinge
- Frostgefährdete Wasserstellen leeren
- Stauden- und Gräserrückschnitt erst im Frühjahr; im Herbst nur ausputzen (z. B. kranke Pflanzenteile)
- Zwiebeln pflanzen für das Frühjahr, auch Wildarten zum Verwildern
- Kaltkeimer im Freien oder im Frühbeet säen (z. B. Helleborus, Cyclamen)

Dezember

- Frostschutz kontrollieren, falls nötig noch anbringen
- Frisch gepflanzte Stauden abdecken (Schutz gegen Hochfrieren)
- Immergrüne bei Trockenheit bewässern (z. B. Buchs, Kirschlorbeer, Rhododendron)
- Kübelpflanzen im Winterquartier kontrollieren (Rosmarin, Agave und andere)
- Bei Koniferen und immergrünen Laubgehölzen Nassschnee regelmäßig entfernen
- Planung für das nächste Jahr beginnen
- Kaltkeimer im Freien oder im Frühbeet säen (z.B. Helleborus, Cyclamen)
- Frostballen stechen (Bäume mit Wurzelballen ausgraben, Ballen mit Wasser übergießen, über Nacht frieren lassen und dann umpflanzen)
- Bodenproben nehmen (z. B. pH-Wert im Rhododendronbeet messen)
- Gartengeräte pflegen

Material- und Werkzeugliste für die Anlage eines Moorbeetes (S. 40)

Jedes neue Gartenprojekt erfordert eine intensive Planung. Um dabei nicht den Überblick zu verlieren, ist eine Checkliste sehr hilfreich, die im nachfolgenden Beispiel zur Anlage eines Moorbeetes dient. Diese Liste soll eine Anregung sein, und lässt sich natürlich für jedes Projekt abwandeln und anwenden.

Checkliste

Material- und Werkzeugliste für die Anlage eines Rhododendronbeetes	vorhanden	bestellt	noch zu besorgen
Baustoffe (Baustoffhandlung)	☐	☐	☐
Granitsteine für Einfassung	☐	☐	☐

Pflanzen (Gartencenter, eigene Ableger, Baumschule)	vorhanden	bestellt	noch zu besorgen
Rhododendron in verschiedenen Sorten	☐	☐	☐
Heidekrautpflanzen	☐	☐	☐
Immergrüne Farne und Gräser	☐	☐	☐
Bodendecker als Unterpflanzung	☐	☐	☐
____________________ (Platz für eigene Wünsche)	☐	☐	☐

Substrat, Bodenverbesserungsmittel (Gartencenter, eigener Garten)	vorhanden	bestellt	noch zu besorgen
Rindenhumus	☐	☐	☐
Rhododendron- Substrat	☐	☐	☐

Geräte, Werkzeuge (Baumarkt, evtl. beim Nachbarn ausleihen)	vorhanden	bestellt	noch zu besorgen
Schubkarre	☐	☐	☐
Gartenschere	☐	☐	☐
Spaten	☐	☐	☐
Schaufel	☐	☐	☐
Gartenschlauch	☐	☐	☐

Stichwortverzeichnis